中南财经政法大学简明校史

覃　红　主编　　肖翠祥　葛　明　副主编

中南财经政法大学校史校情教育系列读本

中南财经政法大学立德树人系列成果丛书

中南财经政法大学校史校情教育系列读本
编 委 会

编委会主任：栾永玉　杨灿明

编委会成员：陈　明　侯振发　闫　平

覃　红　姚　莉　刘仁山

邹进文　申祖武

中南财经政法大学简明校史
编撰人员

主　　编：覃　红

副 主 编：肖翠祥　葛　明

编写人员：杭慧喆　王　芹　白　玉

杨兴永　褚晶晶　何　强

序　　言

七十二年前，在河南省宝丰县一个叫大白庄的村子里，中原军区司令员刘伯承在“八一”建军节纪念大会上，庄严宣布中原大学成立。这就是今天中南财经政法大学的源起，是中南财经政法大学的根。在中国人民解放战争进入战略决战的关键时期，这所由邓小平、刘伯承、陈毅、邓子恢等老一辈无产阶级革命家亲自创办，诞生在战火中的大学，是革命的大学，人民的大学。经过七十多年的发展，学校已经发展成为一所以经济学、法学、管理学为主干，哲学、文学、史学、理学、工学、艺术学等九大学科门类协调发展的特色鲜明的高水平人文社科类大学。七十余年来，学校的发展始终与国家、民族的发展同向同行、同频共振，不断为国家和地方经济社会发展贡献智慧和力量，书写了一曲开拓奋进、砥砺歌行的时代华章。

中南财经政法大学的历史，是一部创业奋斗史，一部耕耘收获史，一部精神传承史。鉴古知今，学史明智。复旦大学《共产党宣言》展示馆利用校史资源，开展党史教育，为我们将校史教育与“四史”教育有机结合作出了很好的示范。习近平总书记在给复旦大学《共产党宣言》展示馆党员志愿服务队全体队员回信中指出：走好新时代的长征路，我们更需要坚定理想信念、矢志拼搏奋斗。希望广大党员特别是青年党员认真学习马克思主义理论，结合学习党史、新中国史、改革开放史、社会主义发展史，在学思践悟中坚定理想信念，在奋发有为中践行初心使命，努力为实现“两个一百年”奋斗目标、实现中华民族伟大复兴的中国梦贡献智慧和力量。

中南财经政法大学具有天然的红色基因，有着生动丰富的党史教育素材。而学校又伴随着新中国成长、壮大，学校的发展史，是新中国史、改革开放史、社会主义发展史的一个缩影，也是对大学生开展理想信念教育的鲜活题材。因此，加强校史挖掘、整理、编修、展示是一件意义重大的工作。

中原大学成立两周年时，学校编印了《中原大学二周年纪念专刊》，这是学校第一部有校史意义的出版物。改革开放后学校各个时期均修编了校史。进入新世纪，又编写了《中南财经政法大学学科学术发展史 》(2003 年)、《中南财经政法大学校史》、《岁月如歌——中南财经政法大学校友回忆录》(2008 年)、《中南财经政法大学校史 (2000—2018)》 (2018 年)、《中南财经政法大学学科学术发展史》(2018 年) 。这些校史，偏重于体系化记录各时期重要事件、重大变化、教学科研管理及社会贡献、机构人员历史状态等史实。内容全面，风格严谨。这是开展校史校情教育的基础史实。但要专门面向青年学生，贴近青年学生的认知特点，就有必要专门编写精简版的校史校情教育读本。为此，学校从 2020 年起，开始组织编写校史校情教育系列读本，为每一位跨入学校大门的青年学生了解学校、亲近学校提供系统的辅助读本。本次出版的《中南财经政法大学简明校史》，是中南财经政法大学校史校情教育系列读本的第一卷。后续还将逐步出版《中南名师》《中南学人》《图说中南》等多种专门读本，完善校史校情教育普及读物体系。

编写校史校情教育读本，要注重转化和创新，突出时代价值内涵，做到寓理于史、寓情于史、理从史出、论从史出。有了好的校史校情教育读本，还要创新教育方式方法，多探索一些学生喜闻乐见的形式，变“漫灌”为“滴灌”，将理想信念教育、社会主义核心价值观教育从课堂延伸到课外，不断增强感染力和实效性。

校史校情教育，要讲好创业奋斗故事。在七十余年的办学历程中，中南大人始终在艰辛中创业，在竞争中成长，在改革中发展，在创新中奋进。中原大学白手起家，师生在打麦场上分析国内外形势，传播唯物辩证法。迁校武汉后，师生一边开展教学、科研工作，一边参加建校劳动，用汗水盖起新校舍。教学器材不足，师生亲手制作。学生毕业后主动请缨支援边疆，到祖国最需要的地方去。一代代中南大人，用爱国奉献的坚定行动书写出壮丽多彩的人生画卷。

校史校情教育，要讲好教书育人故事。中南大历史上名师辈出，俊彦云集，他们学养深厚，治学严谨，师德高尚，他们为学校的人才培养作出了卓越贡献。他们爱生如子，用心教书，用爱育人。不少教师用毕生的积蓄捐资助学，不计名利，不图回报。他们既是学业导师，也是人生导师。他们是一盏盏明灯，照亮学子前行的道路。

校史校情教育，要讲好求实创新故事。一代代中南大人，时刻关注国家及地方经济、政治和社会建设、改革和发展重大理论和实践需要，开展科学研究，探寻真理，发扬“坐冷板凳，吃冷猪头肉”的“二冷”精神，不断取得享誉国内外的骄人学术成就，逐渐形成了中南品牌，中南学派。

校史校情教育，要讲好文化自信故事。中南大虽历经数度分合，校名也几经更易，但从中原大学时期“求真为民　务实创新”的大学精神，到当今中南财经政法大学“博文明理　厚德济世”的校训，为国家发展建设培养、输送急需人才的红色基因和“办人民需要的大学”的初心始终一脉相承且历久弥新，培养出一代代匡时济世、经世致用的优秀人才。学校在新中国建立初期即已形成的以财经、政法为主干学科的办学特色始终薪火相传，全国财经政法高等教育重镇的优势地位不断加强。

校史校情教育，要丰富形式创新载体。利用校史校情开展思想政治教育，具有教育素材更加生动形象、更有亲和力，更加贴近学生、富有说服力，更加贴近生活、富有感染力的独特优势，要统筹发挥好课程教育平台、第二课堂教育平台和实践教育平台的作用，全方位、立体式实现校史校情教育的价值导向功能、成长激励功能、情感凝聚功能和人格塑造功能，进一步增强校史校情教育的针对性和实效性。

校史校情教育，要形成全员育人的良好氛围。校史校情教育并非一时一地之功，广大干部教师，特别是思政工作干部教师，要先学一步，融会贯通，要主动成为校史课程的教员，成为课外校史教育活动的设计者、组织者和参与者，把校史校情教育贯穿于人才培养全过程，把校史和党史、新中国史、改革开放史、社会主义发展史教育紧密融合起来，当好新时代中国特色社会主义的“布道者”。

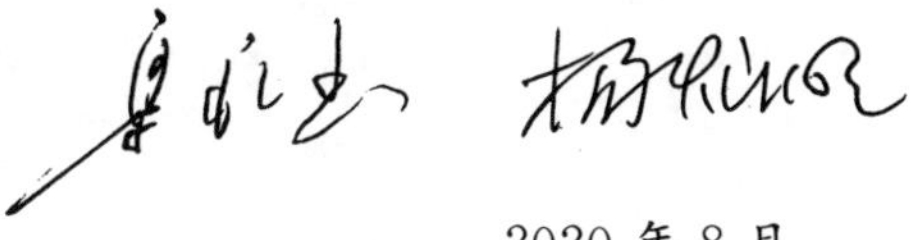

2020 年 8 月

校史总览：人民的大学　一流的大学

中南财经政法大学是人民的大学，一所具有红色基因的大学。

中南财经政法大学是人民的大学，也是特色鲜明的高水平大学。

学校的前身是 1948 年由邓小平、刘伯承、陈毅为主要成员的中共中央中原局创办的中原大学。1948 年 7 月 10 日，中原大学筹备委员会成立，陈毅担任筹备委员会主任，教学工作随即展开，陈毅先后两次为学员作专题报告。1948 年 8 月 2 日，在中原军区八一建军节大会上刘伯承司令员正式宣布成立中原大学。1948 年 10 月，中原大学第一届校领导班子正式组建，首任校长为范文澜，副校长潘梓年主持校务。

初创时校址为河南省宝丰县大白庄，1948 年 9 月 5 日迁宝丰县城文庙及兴宝中学，11 月底 12 月初迁校开封，在河南大学校址办学。1949 年 5 月 16 日，武汉解放。中原大学南迁武汉，选定校部校址在蛇山脚下（现中南财经政法大学首义校区所在地）。

中原大学在战火中创立，培养输送了大批政治的、经济的、军事的、文化的等各方面急需人才，为新中国的成立和建设作出了重要贡献。

中南财经政法大学是一所特色鲜明的高水平大学，财经政法类学科一直是其优势学科。1952、1953 年，在全国高校院系调整中，学校先后汇入当时中南地区六省二市包括河南大学、中华大学、中山大学、湖南大学、南昌大学、广西大学等综合性大学的财经政法学科，分别组建中南财经学院和中南政法学院，是当时中南地区财经政法学科实力最强的高校。1958 年，中南财经学院、中南政法学院和武汉大学法律系合并组建成湖北大学，学科力量得到进一步整合。这两个时期的学科力量，构成了今天中南财经政法大学学科建设的主要基础。“文革”期间，在全国财经政法学科普遍受到冲击的情况下，学校虽经受曲折，但在最艰

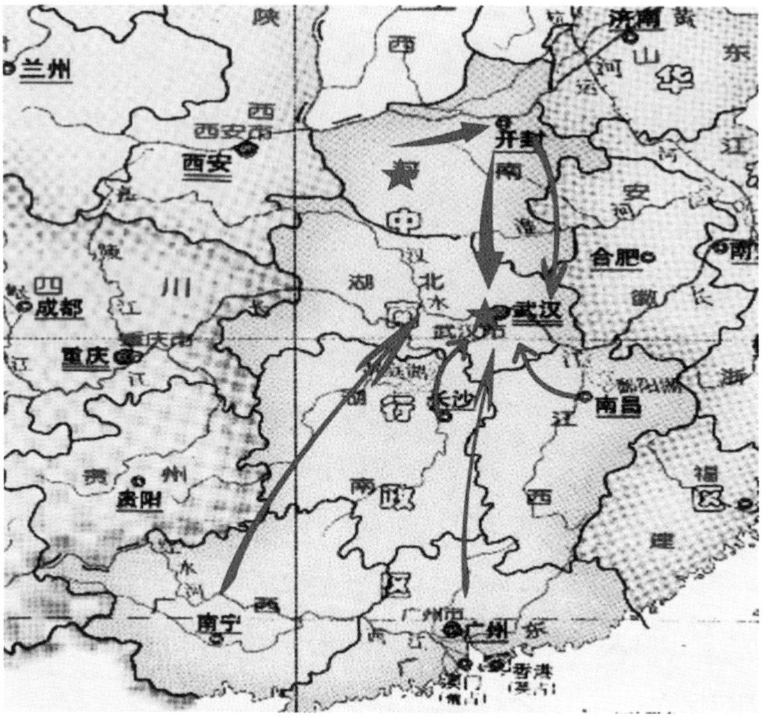

中南财经政法大学早期校址变迁图示

难的时期也基本保证了持续办学，这是十分难得的，为改革开放后学校的大发展保持了良好的根基。恢复高考后，学校迅速恢复生机，并不断得到发展壮大，尤其是在经济学、法学、管理学等领域始终居全国同类高校前列，名师纷呈，英才辈出。

学校自 1948 年创立以来，经历七个发展时期，先后六易其名（具体见中南财经政法大学历史脉络图）。

从 1954 年起，学校开始接受外国留学生。1956 年，招收首批研究生。改革开放后，在全国首批获得硕士学位授予权，并在 1986 年获得博士学位授予权。先后获批国家级重点学科、入选国家“211 工程”计划、国家“985”优势学科建设平台、世界一流大学和一流学科（下简称“双一流”）建设高校及建设学科名单（具体见中南财经政法大学学科脉络图）。

中原大学时期的校训为“勤劳勇敢　忠诚团结”。中南财经政法大学校训为“博文明理　厚德济世”。纵览从中原大学到中南财经政法大学，传承不变的大学

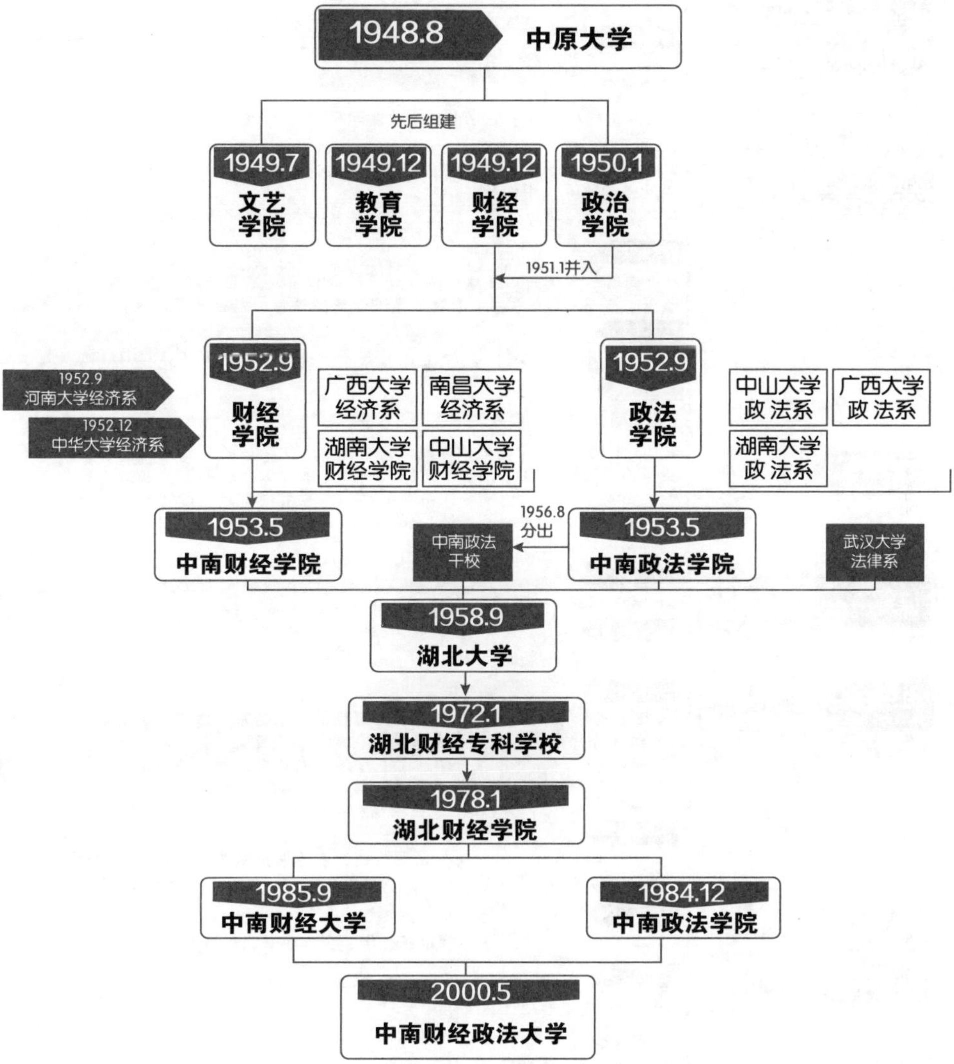

中南财经政法大学历史脉络图

精神，总结起来表现为四个方面：

一是忠诚于党，忠于人民。学校起源于我们党创办的中原大学。对党忠诚，对人民忠诚，听党话跟党走，是这所大学应有之义，因此将“忠诚”列入学校的校训。学校建立后不久，新中国成立，其后的各个时期也是在党的领导下办学。七十余年来，学校一直以作为人民的大学而骄傲，不断传承和发扬优良的传统，

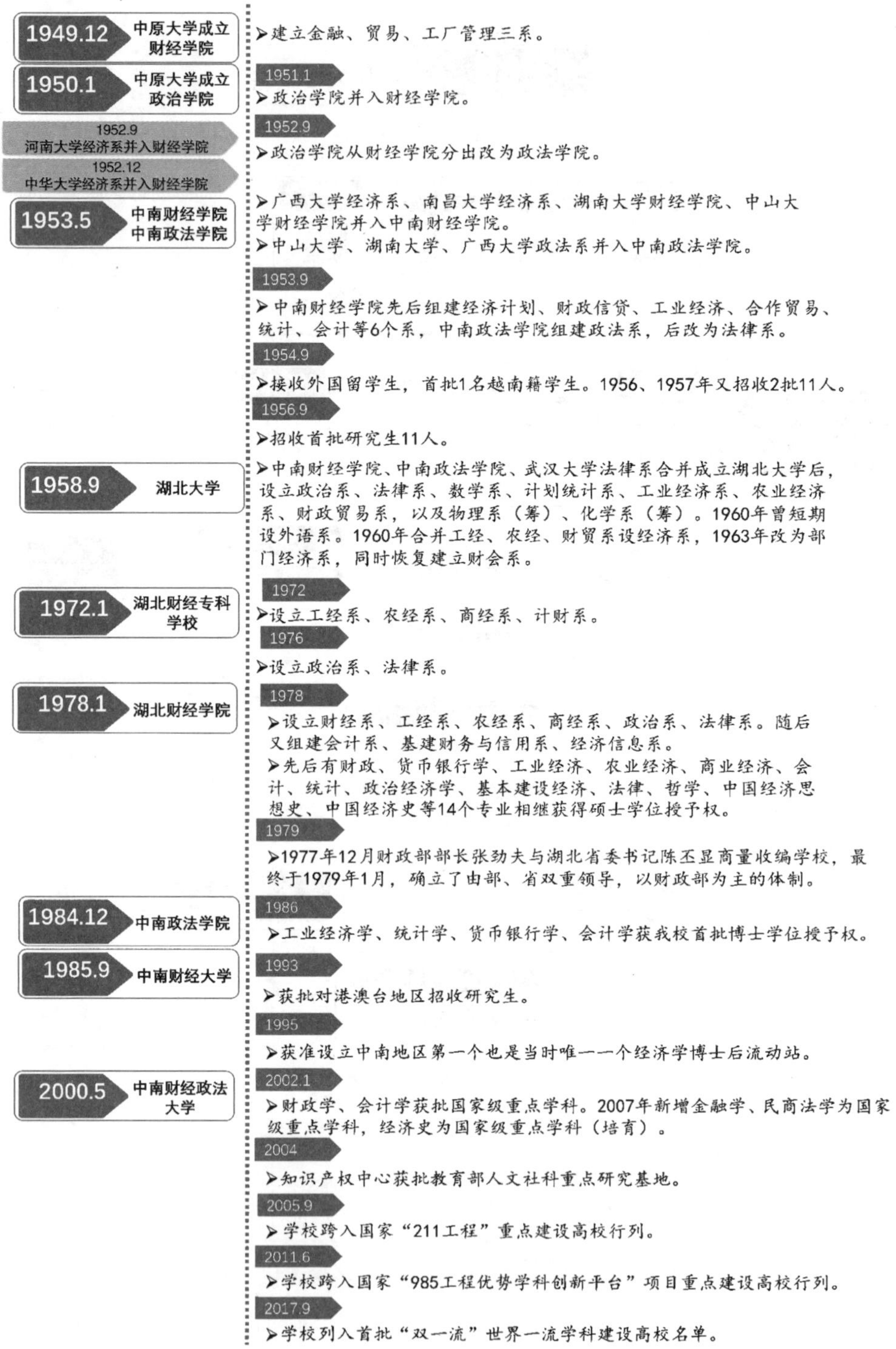

中南财经政法大学学科脉络图

认真贯彻党的教育方针。立德树人，为党育人，为国育才，一直是大学的神圣职责和使命。

二是艰苦创业，自强不息。创校之初，学校一穷二白，在农舍里办学，禾场上讲课，砖石为桌椅。几易校址，因地制宜，为解放区和新中国培养了大批觉悟高、靠得住的专业人才。迁校武汉后，国家百废待兴，建校资金有限，全校师生克服困难，勤俭节约，一边学习一边投入建校劳动，一所新型正规化大学的校园渐具规模、日新月异。在20世纪70年代学校办学最困难的时期，经过学校领导和教职工多方努力，保住了财经政法教育的基本阵地，在艰苦条件下也不忘人才培养的神圣使命，采取多种方式继续办学。主动到工厂去、到农村去，以培训班、进修班的形式为地方和企业培养财经管理人才和法律人才。

三是应济时需，与时俱进。学校前身中原大学是因应中原解放区不断扩大，革命事业不断壮大，培养和补充革命队伍骨干和新政权建设专业人才的迫切需要而创立。当时中共中央中原局邓刘陈首长毅然决定，建立一所“抗大”式的革命大学，对进入解放区的大量进步青年进行思想洗礼和业务培训。新中国成立后，革命大学迅速转变为新型正规大学。经过1952年、1953年两次院系调整，中南地区六省二市优质财经政法教育资源汇集武汉，学校进入办专业化高水平大学时期，成为中南地区实力最强、位于全国前列的财经政法专业人才的教育基地。恢复高考制度后，学校又是全国为数不多的首批恢复财经政法高等教育的高校。学校的发展与国家的发展同呼吸共命运，勇立时代潮头，不断谱写高等人才培养新篇章。

四是追求进步，坚持真理。学校首批教师和学生——“六·二四校友”，主要就是来自追求进步的河南大学和开封地区到解放区的师生。大批有志青年，为了革命和建设的理想，不断汇入中原大学这所革命的熔炉，又不断奔向战斗和建设的新征程。在长期的办学历程中，学校有大批师德高尚的优秀教师，坚持真理、传播真理、探究真理。几十年如一日，痴心不改，孜孜以求，探寻科学和经济、社会发展规律，甘坐冷板凳，过苦日子；“不唯书、不唯上、只唯实”，不计个人得失荣辱，为国家建设、改革、发展建言献策。

新时代，新征程。实现中华民族伟大复兴的中国梦，需要更多更好的社会主义建设者和接班人。我们要继续弘扬优良校风，勇担历史重任，努力拼搏奋斗，奋力谱写财经政法深度融通、特色鲜明的世界一流大学建设新篇章，为加快推进建设教育强国、实现“两个一百年”奋斗目标和中华民族伟大复兴的中国梦贡献中南大力量。

目　录

第一章　花开中原别样红

——中原大学时期

(1948—1953年)

一、历史撷英

中原大学是人民解放战争后期，由中共中央中原局、中原军区创办的一所新型革命大学，由邓小平、刘伯承、陈毅、邓子恢等领导同志提议建立，于 1948 年 8 月在河南宝丰县成立，后两易其址迁至武汉办学。

中原大学虽办学不到 5 年，但为解放战争和新中国建设培养了一大批急需人才，在中国革命的历史上写下了光辉的一页。

中南财经政法大学是中原大学在武汉原校址之上的嫡传继承者。

（一）开封！开封！

“四面雷鸣逐鹿原，八方风雨会汴梁。”1948 年春，正是辽沈、淮海、平津三大战役打响的前夕，历经战略防御、战略反攻两个阶段的作战，以刘伯承和邓小平、陈赓和谢富治、陈毅和粟峪为首的三路大军在中原地区互为犄角、分兵共进，中原解放区成为解放军南线的重要战场和“打过长江去，解放全中国”的前进基地。

当年 6 月，华东野战军发起豫东战役，将革命的红旗第一次插上开封的城头①。6 月 24 日下午，在中共地下党员郭海长等人的动员和组织下，河南大学历史系主任嵇文甫教授、经济系王毅斋教授、化学系主任李俊甫教授、教育系罗绳武副教授，进步诗人苏金伞，《中国时报》总编辑刘国明等 79 位开封文教界人士乘坐两辆军用卡车奔赴解放区。

同日，近 300 位追求进步、期望革命的青年学生在开封市中心金台旅馆报

---

① 1948 年 6 月 22 日，中国人民解放军第一次攻克开封，因战略需要，于 6 月 26 日主动撤离。

名，要求到解放区学习工作。他们被解放军连夜护送出城，徒步奔赴中原解放区“首府”——河南省宝丰县①。

为了将这批从开封等地来解放区的青年学生教育改造成为革命的知识分子，为前方输送急需的干部、为后方输送管理建设人才，时任中原局和中原军区领导的邓小平、刘伯承、陈毅、邓子恢等人决定创办一所新型的革命大学，并将校名定为“中原大学”。

宝丰会议期间，邓小平（左一）、刘伯承（右一）、陈毅（左二）等人研究成立中原大学事宜

7 月 10 日，中原大学筹备委员会成立，中原局第二书记、中原军区副司令陈毅担任筹委会主任。7 月 30 日，《豫西日报》正式发表了中共中央批准创建中原大学的消息。8 月 2 日，在因雨延后一日召开的中原军区“八一”纪念大会上，中原军区司令员刘伯承庄严宣告：中原大学正式成立！

8 月 7 日，中原大学开始为来自开封的首批 287 位青年学生授课。同时，学校设立了 7 个招生组，深入洛阳、许昌等地招生，很快又吸引了百余名青年到校学习。

① 河南省宝丰县时为中共中央中原局、解放军中原军区领导机关驻地。

面对学校师资的严重匮乏，中原局先后从晋察冀、华东解放区抽调干部 200 余人到校工作，陈毅、邓子恢等中原局、中原军区领导人也经常亲自到中原大学讲课，为师生们分析国际形势，阐述各国革命力量逐步发展强大的情况。

9 月中旬，在邓小平同志的建议和要求下，中共中央决定由时任北方大学校长的范文澜同志出任中原大学校长，新华日报社原社长潘梓年任副校长，并抽调华北大学孟夫唐等 14 人南下到校就任，为学校发展注入强大活力。

1948 年 10 月 24 日，革命红旗再一次飘扬在了开封上空①。而此时，中原大学招生教学已步入正轨，办学方针、组织机构、教学计划等也在不断的动态调整中初步定型——

> 学校性质：以学习政治理论、改造思想、改造人生观为宗旨的短期训练干部学校。
>
> 教育方针：理论联系实际，把理论学习与培养目标结合起来。
>
> 中心任务：教育、改造知识分子，把他们培养成能够为人民服务的战士。②

一所新型革命大学，迎着新中国的曙光，在战火硝烟中艰苦建校，托起中原地区革命教育的“红色之舟”。

（二）从黄河到长江

中原大学成立之时，校部设在宝丰县城北部的大白庄，办公用房是村北一个关帝庙内的三间土瓦房，首批学员就分散住在附近几个村庄的农户家中，石头为凳、膝盖为桌，围在打麦场上听大课。

---

① 1948 年 10 月 24 日，开封第二次解放。

② 刘子久：《学校的性质与方针的问题》，转引自陶军主编：《中原大学校史》，华中师范大学出版社 2003 年版。

为了容纳更多学生，1948 年 9 月 5 日，学校从大白庄迁至宝丰县城，校部设在县城东街文庙内，文庙的大殿作为教务处，兴宝中学校址作为教室，学生们仍分散住在县城居民家中和周围村庄里。

1948 年中原大学临时校部

随着解放军秋季攻势的节节胜利，中原大学的招生规模也不断扩大，办学条件与教育发展之间的矛盾日益突出。恰在此时，开封迎来第二次解放，为学校破局发展提供了新的选择。

11 月 12 日，中原局指派刘介愚、嵇文甫、林山等 30 余人先行到开封筹建中原大学开封分校，后决定将中原大学整体迁往开封发展，暂驻河南大学①原址。

11 月底，中原大学启动整体搬迁工作，全校师生干部被编成 4 个行军梯队，在潘梓年副校长的带领下，迎着刺骨的北风，一路步行奔赴开封。

此次迁校，大幅改善了中原大学的办学条件，让学校在宝丰随迁学员的基础上融汇了来自郑州、开封等新解放区和江南地区的新生，使在校学员人数增至

① 开封第二次解放前，国民党当局已将河南大学全体师生从开封迁至苏州吴县。

2689 人，规模最高时超 4000 人，“革命熔炉”名声初显。

在宝丰办学经验的基础上，开封时期的中原大学不断进行教学方法的总结和创新，对教学行政机构与人员配备进行了调整，建立校务会议制度增强组织效能，并初步建立起了党、团和学生会组织，出版了校刊《改造》。为适应形势发展需要，学校还增设了医学院和新闻系两个专业人才培养基地，真正迈入迅猛发展的新时期。

与此同时，解放战争正如火如荼地进行着，1949 年 4 月 21 日，百万雄师横渡长江，人民解放军在全国各个战场摧枯拉朽、捷报频传。苏州解放后，中共河南省委决定在原址回迁复办河南大学，中原大学则随中原人民政府南迁武汉。

5 月 14 日，由中原大学副教务长朱凡带队的工作团 215 人踏上了前往湖北的火车。5 月 17 日，武汉三镇和平解放后，工作团随部队进入武汉参与接管文教工作，并为迁校做前期准备。

随后，中原大学师生分三批依次南下，历时三个月，至 8 月 17 日全部抵达武汉，借用武汉的多所学校作为临时校舍恢复招生与教学。

不久后，武汉市军管会将原武昌高中及邻近的 403 汽车修理厂划拨给中原大学，一路从黄河之滨走来的中原大学，终于在长江之畔、蛇山脚下拥有了属于自己的固定校址。而这块让中原大学扎根成长的土地，也一路随学校分合变迁、传承至今，正是现中南财经政法大学首义校区所在地。

（三）春风拂绿新芽长

作为一所新型革命大学，中原大学迁至武汉办学时，全国解放已成为不可逆转的历史洪流，中原大学的办学目标也为适应革命形势的发展需要，逐步从短期的政治培训班转向专业教育。

1949 年 6 月，中原大学首个专业学院——文艺学院率先成立，学院设戏剧系、音乐系、美术系、创作组和文工团，专注于培养文艺人才，奏响了学校全面转轨改制的先声。

1949年10月1日，中华人民共和国成立，正如一席春风拨云见日，激荡起生机勃勃的复兴气象。中原大学的办学目标也应济时需，从培养革命人才转向培养德才兼备的专业建设人才，迎来了迈向正规化、专业化办学的重要契机，短短三个月内，教育学院、财经学院、政治学院相继成立，“四院鼎立”的格局初步形成。

其中，教育学院先后设置政治系、历史系、教育行政系、俄文系和一个文艺师资培训班，旨在为中南地区培训、改造中等学校的政治、历史师资和教育行政干部。

财经学院受中原大学和中南局财经部门双重领导，设工厂管理系、金融系、贸易系和财经研究室，致力于以理论与实践统一的财经课程教育学生，为华中地区培养财经骨干人才。

政治学院则保留了中原大学短期政治训练的职能，不分专业科系，设大队管理，在培养干部和培训在职干部之外，重点为中原大学其他院系进行预科性质的思想教育，学生在政治学院结业后可转入各专业学院进行业务学习。

1951年1月19日，中原大学决定撤销政治学院，将其整体并入财经学院。这一举措是中原大学转轨改制的重要里程碑，标志着学校在教学中不再单独进行政治思想改造，而是贯穿在专业学习的过程之中，也让中原大学财经学院得以在更大的规模和基础之上蓬勃发展，学制稳步延长。

1952年后，经济文化建设持续加速，抗美援朝、土地革命、“三反”“五反”运动正值热潮，中南地区亟须补充各级公安、司法干部。中原大学再一次担起使命，于9月24日重新改组财经学院，将政治学院从中抽离并扩建为政法学院，由李伯刚任院长。在11月29日举行的开学典礼上，7个班共506位学员成为政法学院的首批学子。

当时，文艺学院、教育学院已先后脱离中原大学，文艺学院改名为“中南文艺学院”，成为一所独立的文艺专门院校，教育学院则与私立华中大学合并成立“公立华中大学”。由此，财经学院和政法学院成为中原大学枝干上最富生机的两颗“绿芽”，沐浴春风，拔节生长。

（四）秋收万颗子

1952 年，全国高校院系调整拉开帷幕，财经学院和政法学院先后被注入多股新鲜血液，办学实力突飞猛进，但与此同时，作为母体的中原大学也完成了她的历史使命。

1953 年 4 月 3 日，中南局颁发文件，撤销中原大学，将其拆分成立中南财经学院和中南政法学院。5 月 29 日，政务院下达批文，中原大学宣告解散。

回望中原大学，她在疾风骤雨中办学，虽年仅五载，却培养了 1.4 万余名军政干部和各类人才，为解放前后中原及中南地区的政治、经济、文化事业的恢复和重建作出重要贡献。

而她在奋力发展自身的同时，还孕育出了多所现代大学的前身，功绩留名史册。

在中原大学的原址之上，中南财经学院和中南政法学院分合聚散，最终熔于一炉，让中南财经政法大学以“双一流”之姿再次闻名中华。而其他由中原大学孕育的高校也在各自的土地上迎风成长——由教育学院重组而建的公立华中大学，是现华中师范大学的前身之一；文艺学院脱胎而成的“中南文艺学院”，一路演变成了武汉音乐学院、湖北美术学院、广州美术学院三所高校；未随校迁汉的医学院，留存血脉在军中延续，终汇入中国人民解放军陆军军医大学；中原大学筹建的中央民族学院中南分院，独立建制为中南民族学院，一路走向现今的中南民族大学；援建的广西人民革命大学，在南国之地结出丰硕之果……

春种一粒粟，秋收万颗子。如今，中原大学虽已尘封入历史的档案，但从中原大学汲取营养而成长起来的后继者们，正秉承中原精神，在新时代的浩荡东风之下，劈波斩浪，扬帆远航！

二、名家采华

（一）陈　毅

陈毅（1901—1972），四川乐至人，久经考验的无产阶级革命家、军事家、外交家，中国人民解放军的创建者和领导者之一。中原大学筹备委员会主任，中原大学奠基人之一。

1948 年春，人民解放战争进入战略决战阶段，为保证在中原黄淮地区更多更有效地消灭国民党军有生力量，中共中央决定调华东野战军司令员兼政委的陈毅任中共中央中原局第一副书记、中原军区副司令员。

6 月，第一次解放开封后，中原局收到了来自开封城内河南大学教授和文教界进步人士想要转移到解放区的请示，陈毅对此给予了热情答复，声言“越多越好，河南大学整个搬走也欢迎”“可以带家属、多多益善”①，彻底打消了众人的顾虑，直接促成了嵇文甫一行 79 人奔赴解放区。随着开封师生分别抵达宝丰，中原局决定就地创办大学，陈毅在一次会议中说道：“这里有刘伯承指挥，东有粟裕指挥，我去办大学，培养干部。”

7 月 10 日，中原大学筹委会成立，陈毅担任筹委会主任。他特别批准了学校从南下支援新解放区的干部中选调办学人员，以加强领导、补充师资力量，还亲自投身到学生思想辅导之中，于 7 月 15 日、26 日先后两次前往大白庄为首批学员作《来解放区的学习与工作问题》《目前形势的分析》专题报告，号召大家安心留下来学习，为中原解放区作贡献。这段历史虽然鲜为人知，却深深印刻在

① 郭海长：《我在开封解放前后》，《难忘六・二四》，中南财经大学六・二四校友会编。

了中原大学首批学员的心中，成为他们最难忘的“宝丰记忆”：

村口传来了汽车马达声，一辆吉普车转眼间便停在了麦场旁，一位微胖的中年人下了车，胳膊上搭着一件军装，上穿白衬衣，下着军裤，脚穿布鞋，手里还拿着一把大蒲扇，笑容可掬地向人们走来。

“陈毅司令员来了！”人群中有人惊讶地喊道，麦场上顿时响起一片掌声，许多人站了起来……陈毅站在条桌前，操着洪亮、清晰的四川口音作了自我介绍：“我，陈毅是也！各位在蒋管区的报纸上经常看到的‘陈匪’就是指的我！今天，我与大家有幸见面，有目共睹，各位仔细看看，我究竟‘匪’不‘匪’呀？”诙谐、幽默的开场白说得人们大笑，会场的气氛顿时热烈起来。

在人们的笑声中，陈毅的话锋一转，接着说道：“蒋介石，今天说这个是‘匪’，明天说那个是‘匪’，我看他才是真正的匪！是背叛孙中山先生的匪！是背叛国民革命的匪！是屠杀人民的匪！所以，不打倒蒋介石集团，革命就不能成功，人民就不能获得解放，这就是我们要革命的道理。”……他首先回顾了中国近百年来深受帝国主义、封建主义压迫的历史，以及人民群众为求得民族独立和民主自由所作的斗争。谈到了刚过去的抗日战争和现在的人民解放战争，并鼓励大家积极参加这场伟大的革命运动，“在打倒蒋介石、建设新中国的事业中有所贡献，这是无上的光荣”。

接着，他又谈到大家最关心的学习和工作问题。他说：“这是大白庄，连个大学牌子都没有。大者，大学也；白者，简陋也，怎么算个大学呢？但在我看来，山不在高，有仙则名。我们办的是一所革命大学。”他阐明了办中原大学的目的和意义，分析了解放区教育与蒋管区教育的本质区别，指出了革命的教育方针、方法。对于工作问题，他解释说，“解放区不是人浮于事，而是事多人少，人人可得适当工作，任何天才不会埋没，都有充分发展的可能”①。

① 节选自刘备耕：《大度自然是英雄》，《名将风采》，成都出版社 1991 年版。

> 7 月 26 日，陈毅同志又给我们上了第二堂课，这堂课讲的是国际形势，谈美国，谈苏联，谈世界人民力量的兴起，谈世界革命力量逐渐强大，有理论、有实践、有具体的事例……总之，从蒋管区带来的一切错误的、模糊的思想，都迎刃而解了。沉重的思想包袱丢下后，我觉得全身轻松，像换了个人似的，感到了自己的新生，对解放区的一切都觉得很美好。①

不久后，陈毅投入到淮海战役的准备和华东军区的组建中，无法继续主持中原大学工作，但他确定了中原大学早期的教育原则、课程设置、教学内容和教学方法，为这所新型革命大学的“从无到有”奠定了根基。

为了纪念陈毅筹建中原大学的历史功绩，经中央批准，中南财经大学于

学校思园陈毅塑像

① 徐靖：《听陈毅将军讲课》，《难忘六·二四》，中南财经大学六·二四校友会编。

1988 年建校四十周年校庆之际，在校内建思园为陈毅同志塑像。塑像由时任全国政协主席李先念同志题字，选取陈毅身披大衣，神采奕奕，向群众深情凝视的一瞬间，再现了他当年从战场风尘仆仆到中原大学传道授业的风采。

（二）嵇文甫

嵇文甫，原名嵇明，1915 年秋考入北京大学本科哲学系，练就了研究中国哲学和历史的基本功，也受到了科学民主新思潮的陶冶。

嵇文甫（1895—1963），河南汲县人，教育家、哲学家和历史学家，中原大学筹备委员会副主任，创建初期“开山筑路”的功勋教授。

毕业后，他回到河南任省立第一师范国文教员，五四运动爆发后，他毅然支持学生的革命行动，并在讲课、报告和文章中逐步开始宣传马克思主义观点。

1926 年，嵇文甫加入中国共产党，被中共河南省委派往莫斯科中山大学留学，1928 年回国时值国内大革命失败，与遭到严重破坏的党组织失去联系。不久后，他赶赴北平，应邀到北京大学任讲师，同时在清华大学等多校兼课，不仅用马克思主义唯物史观讲授先秦诸子和宋明理学，还先后发表了《老庄思想与小农社会》《“仁”的观念之社会史观察》等文章，批判形形色色的错误观点，旗帜鲜明地宣扬历史唯物主义。

1931 年“九一八”事变后，随着北平政治形势和学术环境恶化，嵇文甫被迫离开北大，回到开封任河南大学教授兼文史系主任（后任文学院院长），先后创办《风雨》《大时代》等抗日救亡的宣传刊物，和范文澜一起创办“河南大学抗敌工作训练班”等，积极投入到抗日救亡之中，在学术界声望日高。

1941 年“皖南事变”爆发，国民党顽固派在全国掀起反共高潮，10 月的一天傍晚，嵇文甫讲完课回到家时，被特务包围，关入洛阳北邙山监狱的窑洞。

5个月后，国民党受制于社会舆论，将他释放回校，但“白色恐怖”的监视从未停止。直到7年后第一次解放开封的胜利号角吹响，嵇文甫携全家和70余名开封文教界进步人士一同奔赴豫西解放区，“多年来沉闷窒息的生活，乃告结束，像游子返乡一样，终于回到了革命的大家庭”①。

作为中原大学筹备委员会副主任和当时仅有的几名教师之一，他陪伴中原大学走过了举步维艰的初创期。当时的校本部只有几间茅草房，树荫下的草地和打谷场就是教室，他便站在大树下讲哲学，在草地上作报告，稳定学生们的学习情绪；1948年8月7日，中原大学正式开始上课后，他负责主讲辩证唯物论课程，并全力推动学校教学步入正轨。

开封第二次解放后，嵇文甫受中原局委派，先行前往开封筹建中原大学开封分校。12月中旬，全体师生到达开封后，中原大学开展组织机构调整，嵇文甫任校务会议成员、研究部主任，负责理论研究和研究生培养。

4个月后，渡江战役传来捷报，中原大学随中原人民政府南迁武汉，嵇文甫奉命留守开封，重建河南大学并任副校长。他虽然结束了与中原大学的短暂交集，但此后十多年间始终没有脱离教学岗位，更成了郑州大学首任校长，持续奋斗在社会主义教育事业前线。

自1918年发表《老子发凡》起，嵇文甫四十多年中锲而不舍地研经铸史，成为与冯友兰并称“南冯北嵇”的河南学术界旗帜人物。他一生发表论著300余篇（本），200余万言，对先秦诸子哲学、宋明理学特别是王船山哲学的研究造诣精深，多有创见卓识，著有《先秦诸子政治社会思想述要》《晚明思想史》《中国社会史》等鸿篇巨作，兼任《历史研究》《哲学研究》和《历史教学》编委，并领导创办了《新史学通讯》，是运用历史唯物主义的基本观点建设我国新史学的先驱者和奠基者之一，书写了中国马克思主义史学发展史上的精彩篇章。

1957年，嵇文甫被增补为中国科学院哲学社会科学部委员②，1959年7月，

① 节选自《嵇文甫传略》，河南人民出版社1986年版。

② 1993年后，中国科学院学部委员改称中国科学院院士。

重新加入中国共产党，1963 年 10 月 10 日，突发脑溢血在郑州与世长辞，终年 68 岁。

（三）范文澜

范文澜 1893 年 11 月 15 日出身自浙江绍兴的诗书门第，北京大学毕业后被时任北大校长的蔡元培聘为私人秘书。

范文澜（1893—1969），浙江绍兴人，历史学家，中原大学第一任校长。

1925 年，“五卅”惨案激起全国范围内的“五卅”反帝爱国运动，让时在南开大学和南开中学任教的范文澜思想发生深刻变化，与中共党员的来往日益密切。1926 年，范文澜加入中国共产党，任中共南开支部书记。然而随着第一次国内革命战争失败，上级被捕遇难，范文澜受到天津反动当局追捕，与党组织失去联系。

被迫出逃天津的范文澜回到北大任教，一边潜心著述，一边积极参加党领导下的左翼文化活动。1929 年，他在自己第一部学术著作《文心雕龙讲疏》基础上修订出版的《文心雕龙注》一书，至今仍被视为注释史上划时代的作品。

1930 年至 1934 年期间，范文澜两次因“共党嫌疑”被逮捕，第二次更被押往南京囚禁长达 5 个月。出狱北返后不久，他应聘到河南大学文学院任教，办刊办班以文抗日，积极从事救亡运动。

1938 年，开封的沦陷让范文澜坚定了弃笔从戎的决定，他来到中共河南省委所在地竹沟，成为游击队的教员、新四军的战士，并在一年后被批准重新加入中国共产党。

1940 年 1 月，范文澜经刘少奇推荐前往延安，主持历史研究室工作，受毛泽东委托“在短时间内编出一本篇幅十来万字的中国通史，用于教育干部和群众”。于是，在阴暗的窑洞里，他带领研究室的同事用马克思主义观点和通俗语言将几千年文明古国浩如烟海的历史进行分析、整理、归纳，完成了近 60 万字的《中国通史简编》和《中国近代史》上册手稿。

1946 年 1 月，随着晋冀鲁豫边区政府在河北邢台创办北方大学（中国人民大学等高校前身之一），范文澜任校长。1948 年 8 月，中原大学在河南宝丰宣告成立，为吸引更多知识分子和青年学生到中原大学就读，中共中央再次任命范文澜为中原大学校长。

虽然范文澜担任中原大学校长具有名誉性质，并未到校就职，但他一直关心中原大学发展，并在建校两周年之际，为中原大学写下了热情洋溢的题词：

> 中原大学是中国新型大学之一，是中南广大地区改造知识分子著名的熔炉，虽然创办还只有两年，规模和成绩却已很可观。今后，无疑将在现有基础上，加速地充实并提高，出现规模更大成绩更优的中原大学。[①]

新中国成立后，范文澜筹建了中国科学院近代史研究所并任所长，组建近代史研究团队集体推进近代史研究，他本人则为了完成把中国通史写下去的重托，再次投入到《中国通史简编》的修订之中，坚持带病工作，在 15 年间写下 110 万字的鸿篇巨著。

读万卷书，行万里路，育百年人，著千秋史。作为一代马克思主义史学大师，中国科学院哲学社会科学部首批学部委员，范文澜一生以其提出的“坐冷板凳，吃冷猪头肉”[②] 的二冷精神潜心从事历史研究，将学术与革命熔于一炉，将革命者和学者集于一身，佳作留世、桃李天下、功绩卓著、风范永存！

---

① 范文澜：《中大两周年纪念》，《中原大学二周年纪念专刊》（校刊），1950 年。

② “吃冷猪头肉”借喻古时庙堂上的祭祀活动，指不图身前名，而要追求对后世的贡献。

（四）潘梓年

潘梓年（1893—1972），江苏宜兴人，哲学家、逻辑学家，新华日报社第一任社长，中原大学首任党组织书记、副校长（主持工作），第二任校长。

潘梓年，1920 年考入北京大学哲学系，在 1927 年“四一二”政变后的血雨腥风中加入了中国共产党。1932 年，他任中共江苏省委机关报《真话报》总编辑，一年后因叛徒出卖被国民党逮捕并被判无期徒刑，1937 年 6 月被营救出狱。

狱中 4 年，他潜心研究著译达百万字，其中就包含他一生最具代表性的哲学和逻辑学专著《逻辑和逻辑学》初稿，该书是我国早期比较完整的介绍马克思主义哲学基本原理的名著之一，毛泽东曾用 3 天时间，一口气读完了这本学术著作，并盛赞“颇为新鲜”①。

潘梓年出狱后，周恩来在中共上海市委的机关接见了他，并交付了筹办《新华日报》的重任，随后潘梓年被毛泽东钦点为抗战时期中共在国民党统治区公开发行的第一张机关报——《新华日报》的社长。

1938 年 1 月 11 日，《新华日报》正式在武汉创刊。此后 9 年，潘梓年辗转武汉、重庆两地，以笔为刀，奋斗在党的新闻战线上，让新闻舆论的“火种”在“国统区”、在全国抗日的大后方熊熊燃烧，成了闻名遐迩的“中共第一报人”。

1947 年 3 月，时年 54 岁的潘梓年从南京撤退到延安。1948 年 8 月，中原大学在宝丰成立，他受命前往办学，任副校长一职。因校长一职具有名誉性质，范文澜未到校就职，潘梓年全面主持学校工作。年底，中原大学建立党的总支委员

① 毛泽东 1938 年 3 月 25 日至 27 日“读书日记”（见《毛泽东哲学批注集》第 282—283 页）。

会，潘梓年任党总支书记。

此后 3 年，他带领中原大学一路从宝丰走到武汉，从政治短训班发展成为学术性、专业性的正规化大学，让中原大学“革命熔炉、建国津梁”之名响彻华夏。

在潘梓年的直接领导和大力支持下，中原大学的校报校刊《中大生活》和《改造》刊物相继面世，成为师生交流思想和学术观点、宣传党的方针政策的重要阵地。《改造》杂志更成了当时中原地区独一无二的教学学术性刊物。

1949 年 8 月，随着中原大学分党委建立，潘梓年任分党委书记，1950 年正式出任校长。1951 年，他开始兼任中南军政委员会文委副主任、教育部部长等职务，并于年底调离中原大学，全身心投入到中南六省的高教事业之中。

作为北大哲学系毕业的高材生，潘梓年的哲学、逻辑学功底十分深厚，在多年办报、办学过程中，他也始终坚持理论联系实际的治学道路，先后发表了多篇哲学论著。1954 年，潘梓年调任中国科学院，筹建哲学社会科学部（中国社会科学院的前身）和哲学研究所，筹办我国第一份哲学理论刊物——《哲学研究》，从一个马克思主义哲学家转变为全国哲学研究工作的组织者和领导者。

1956 年 6 月，中国科学院哲学社会科学部成立，潘梓年任首批学部委员和学部副主任、学部分党组书记，兼任哲学研究所所长，不遗余力地推进全国哲学、社会科学研究事业的蓬勃发展。

“文化大革命”期间，潘梓年遭“四人帮”迫害，于 1972 年 4 月 10 日病故。1982 年 2 月，中共中央在北京八宝山为他举行追悼大会，平反昭雪，肯定了他一生的功绩。

如今，在中南财经政法大学南湖校区最东侧的波澜广场上，潘梓年的全身铜像静静矗立，他身姿挺拔、眼神坚定，手持《中原大学二周年纪念专刊》，与校区中部的“梓年园”，西部的“梓年路”遥遥相望。斯人已逝，但他的音容笑貌永远铭刻在中南大的校园里，犹如一本魅力永存的教科书，教诲着一代又一代学子博文明理、厚德济世。

三、逸事集萃

（一）徒步向光明

中原大学首批学员，有一个亲切的别称——“六·二四校友”，因他们大多于 1948 年 6 月 24 日在金台旅馆报名，从开封出发，徒步奔赴解放区而得名。

他们之中，有大学生，有职业青年，也有初、高中学生，他们痛恨国民党统治的腐败与无能，在目睹了进入开封城解放军严明的军纪和昂扬的精神面貌之后，对解放区充满了向往。为避免参加革命牵连家庭，同时表示自己投身革命的热情与决心，青年学生们纷纷改名，很多新的名字便从此跟随了他们的一生。

奔赴解放区的途中条件艰苦，同学们只能用几辆牛车拉载行李，每日要走几十里路，有时受战局影响，需要加速行军，有时路经的村子太小，便只能住在露天的空场子里休息……但对光明的憧憬，让他们的心中充满喜悦，有人在

青年学生们迈着坚定步伐徒步前往解放区

日记中写道：

> 7月1日，时光过的真快，六月已经过去。这是多么不平凡的一个月呀！什么考试、暑假、回家等都成过去；未来，在我面前展开了一条多么伟大、光明的大道。这个月里，在战火中应革命事业的召唤，挣脱了个私观念的羁绊，割掉了小资产阶级知识分子犹豫彷徨、得过且过的尾巴，参加了革命。国家需要，人民大众需要，有什么迟疑，有什么留恋的呢？我最挂念的亲爱的母亲，咱们暂且分手吧！将来在和平民主的年代里，我们再欢聚一堂。①

经过10余天昼夜行军，青年学生们于7月9日到达宝丰。随后，中原局作出了就地成立中原大学的决定。

为了鼓励同学们留在中原求学，陈毅、邓子恢等人亲自到大白庄给大家作学习与工作和革命形势的报告。针对不少青年继续北上前往华北解放区华北联合大学、北方大学等校就读的想法，陈毅直言："现在解放战争在向南发展，大家来解放区是参加革命的，革命需要向南，你们却要北上，当然北方也需要，但南方更需要嘛"②，同时也表示："若有人坚持到华北，我们是来者欢迎，去者欢送，走时还一定发给路费和一顶草帽，天气太热，不要晒坏了人。"③

连日的解释说明，让大部分同学打消了北上的念头，他们被分成了三个大队，居住在村民腾出来的空屋里。8月7日，中原大学首批学员正式开课，歌声、笑声、读书声在大白庄的上空飘荡开来。

（二）山脚下的劳动号子

"劳动最光荣!"中原大学自建校以来，就将劳动教育纳入人才培养过程，有

① 刘一是：《从开封到宝丰》，《难忘六·二四》，中南财经大学六·二四校友会编。
② 黄洪：《难忘的第一课》，《难忘六·二四》，中南财经大学六·二四校友会编。
③ 徐靖：《听陈毅将军讲课》，《难忘六·二四》，中南财经大学六·二四校友会编。

计划地组织师生参加日常生产、生活劳动，更通过“勤俭建校”“植树造林”等主题活动，用劳动号子唱响青春的号角。

1949 年，中原大学迁至武汉办学后，中原临时人民政府划拨蛇山脚下原武昌高中及临近的 403 汽车修理厂作为校址，修建校舍的工作就此摆上议程。

面对经费的严重不足和校舍的急切需要，学校决定：“发动全校全体人员于每学期抽出四整天时间参加义务建校劳动，以求增强全体同学及其他同志之劳动观念，与增进爱护母校之观念。”一场全体师生参与、轰轰烈烈开展的义务劳动竞赛由此拉开帷幕。

> 义务劳动竞赛第一阶段从 24 日开始至 26 日止，仅 3 天，每天利用两小时的业余时间，参加人数仅校部就有 80 余人，拆除 8 尺高院墙 40 余丈，搬运了 23000 多块砖。在竞赛活动中，孟夫唐教务长从百忙中挤出时间同大家一起劳动，搬砖垒墙，极大地鼓舞了同志们的劳动积极性。①

在劳动竞赛持续的两个月里，师生干部穿着灰色制服，戴草帽，与工人一道

中原大学师生参加义务劳动

① 陶军主编：《中原大学校史》，华中师范大学出版社 2003 年版，第 103 页。

挑担、推车、锯木、植树，业余劳动生产总值超过1000万元（旧币），大幅减轻了国家负担。在师生共同努力下，短短半年内，中原大学新建木板房443间，校部用房2栋，基本满足了教学和师生住宿的急需，一座初具规模的大学校园正式落成。

中原大学武昌校园俯瞰

与此同时，全校师生还积极响应武汉人民政府号召，参加义务劳动和植树造林运动，全校700余人担负起了填平蛇山壕沟、开辟大路、整修山路的工程，并植树万余株。1951年初，学校再次组织师生到喻家山一带挖坑植树，一周植树11万余株……

从蛇山之畔到喻家山脚，中原大学艰苦奋斗、自强不息的劳动号子响彻荆楚，更一脉相承，凝聚出中南大学子涵养劳动精神、厚植家国情怀的优良传统。

（三）革命熔炉火最红

中原大学虽办学年仅 5 载，却留下了“中南地区的革命熔炉”的美誉，因为她不仅哺育了一代青年茁壮成长，更将理想信念熔入教育的熊熊烈火，将学生们培育成了解放战争和新中国建设的钢铁栋梁。

在中原大学办学初期，“支前”是师生们牵挂于心的关键词。在学校的组织下，师生干部从伙食费中节省出的慰问金、慰问粮，以及记载着同学们真挚情感的慰问信、慰问品如雪花一般涌向前线子弟兵。每当前线传来捷报，广大师生便走上街头，载歌载舞地向群众宣传演出，将革命激情播散在后方热土之上。

中原大学师生与开封市民在街头庆祝徐州解放

根据革命战争的需要，1948 年底，中原大学成立了“支前工作团”，先后将近千名毕业生送到中原广大地区，补充了战争时期前方的干部不足，他们随军爬过高山，越过沼泽，饱尝千辛万苦，成为英勇善战的解放军战士。1949 年，为支援人民解放军渡江作战，中原大学 2 月毕业的 855 名学员和 3 月毕业的 500 余名学员向党立下了“哪里需要就到哪里去”的誓言，共有651人参军到“二野”工作，其中有300余人参加了南渡长江的战斗。

中原大学南迁武汉后，随着全国形势从武力解放转向和平建设，学校也稳步启动转轨改制，成立专业学院，为中南地区乃至全国输送大批急需的专业人才。

革命战火虽熄，但中原大学作为培育学生社会责任感的熔炉长烧不灭。从参加中苏友好活动到声援抗美援朝，从掀起淮河救灾的热潮到踊跃认购公债、制定爱国公约，再到投入土地改革运动，中原大学的师生们无不全力以赴、贡献卓然。

中原大学土改工作团与贫雇农同吃同住

从学校毕业后，打上“中原大学”精神烙印的学员们也在平凡的工作岗位上经受住了时间的考验，成为地方工作的模范——他们到河南陈留，剿匪、反霸、减租减息、土地改革、开展大生产运动；到江西贵溪，破除迷信、兴修水利；到湖北监利，推动群众生产，荣获“一等功臣”……短短几年间，北至松花江、南至海南岛、东至黄海沿岸、西至川滇，到处都有中原大学的毕业生们擦亮一颗红心，铆足一身干劲，为人民艰苦工作，诠释忠诚与奉献。

（四）校歌诞生记

1950 年 8 月，暴风雨中诞生的中原大学迎来了自己的两周岁的生日，一次隆重的庆典活动在武昌拉开帷幕，2400 余位校友返校共襄盛会。

中原大学二周年校庆纪念大会升旗仪式

在这次校庆活动中，中原大学出版了校庆纪念特刊《中原大学二周年纪念专刊》，举办校庆展览，设计制作了校徽和校庆纪念章，并谱写了《中原大学两周年纪念歌》。

《中原大学两周年纪念歌》的曲作者是文艺学院音乐系副主任、音乐家张星原，词作者是创作组教员、作家羊翚。这首歌曲旋律抑扬顿挫、铿锵有力，歌词感情真挚、热情洋溢，展现出中原大学师生积极投身祖国建设的精神风貌和远大理想。但随着中原大学的撤销，这首歌也被淹没在历史的档案之中。

中南财经政法大学校歌

羊 翚 作词
张星原 作曲

随后几十年，学校几经拆合、一路风雨，校歌也一直未能最终确定。直到2018年七十周年校庆前夕，学校再次启动校歌征集活动。在众多投稿和推荐意见中，《中原大学两周年纪念歌》这颗沧海遗珠再次进入大家的视线。

经过征求教职工和学生代表的意见，学校决定将《中原大学两周年纪念歌》正式确定为《中南财经政法大学校歌》。

这首充满爱国主义精神的歌曲，承载了中原大学丹心为国的红色基因和立德树人的使命担当，穿越68年的岁月，再次在中南大的校园里唱响，激励一代又一代青年学子树立远大理想，建设祖国，奔向人民需要的地方！

第二章 同气连枝迎春来

——中南财经学院、中南政法学院时期

(1953—1958年)

一、历史撷英

在全国高校院系调整中，以中原大学财经学院、政法学院为基础，荟萃中南地区六省多所高等学校的财经、政法系科，中南财经学院、中南政法学院应运而生。至此，学校进入办学历史上第一次两校分立时期。

中南财经学院、中南政法学院充分继承和发扬光荣传统，迅速走上正规化、专业化发展之路，迎来了财经、政法学科的春天，在新中国高等教育史上留下了光辉的一笔。

（一）财经政法汇中南

伴随着新中国砥砺前行的脚步，国家对各类高级专门人才的需求日益迫切，中国高等教育开始踏上改革探索的道路。20 世纪 50 年代初，高等教育部决定配合国家建设需要，借鉴苏联高等教育模式，有计划地对高等教育进行全国范围的院系大调整。调整的内容包括院系合并、院校增设、专业调整等；私立大学全部改为公立；整顿综合性大学，发展专门学院；对财经、政法院系予以适当合并集中。

席卷全国的高校院系调整，奏响了中南六省二市财经、政法学科集结号。1952 年，在以华北、东北、华东三个地区为主的第一批院系调整中，河南大学经济系、武昌中华大学经济系的师生分别于 9 月 24 日和 12 月 17 日先行并入中原大学财经学院。1953 年 5 月 29 日，经政务院批准，中央人民政府高等教育部决定撤销中原大学，中南地区六省二市财经、政法系科分别合并组建中南财经学院、中南政法学院，两校在原中原大学校址上办学。

中原大学校名取消，其财经学院与中山、湖南两大学的财经学院，中山、湖南及南昌三大学经济系，广西大学经济系及会计银行系，中山大学社会系劳动组合并，在武昌成立中南财经学院；其政法学院与中山、湖南、广西三大学政法系合并，在武昌成立中南政法学院。

七彩凤来栖

种下梧桐树，引得凤凰来。政务院关于成立中南财经学院的批文传至原中原大学后，清理校园、新建校舍、维修房屋、拆分图书馆家具设备等各项筹备工作在武昌蛇山脚下紧锣密鼓地进行。1953 年 9 月 16 日，中南财经学院筹备委员会成立，委员由院系调整后的各方代表组成，武汉大学法学院院长马哲民担任筹委会主任。随后一个月内，中山大学、湖南大学、广西大学、南昌大学 1000 余名财经师生，宛若一队队绚丽的彩凤，从粤、湘、桂、赣等地，振翅齐飞江城武汉，栖落中南财经学院。

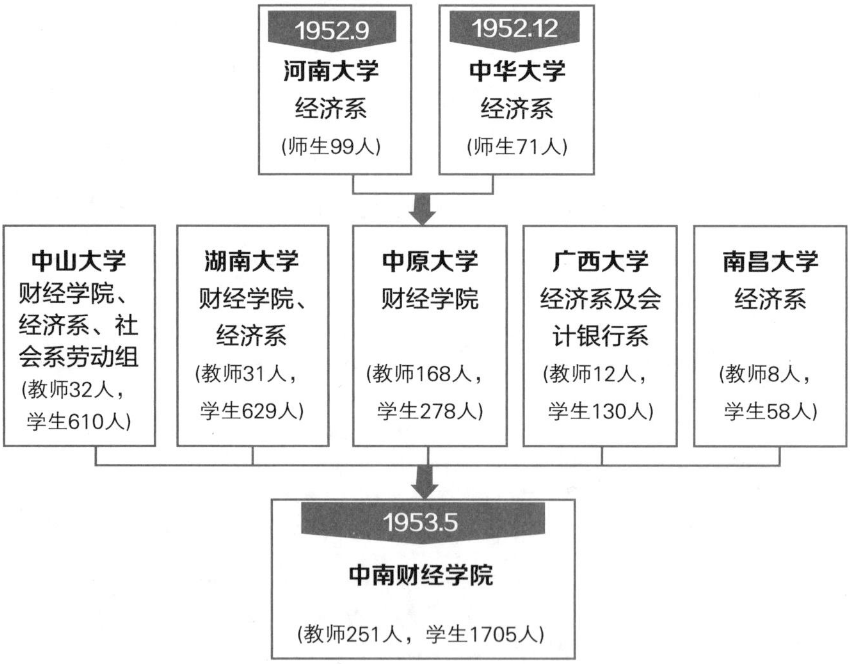

汇入中南财经学院的“七彩凤凰”

在这次院系调整中，马哲民、罗章龙、朱剑农、刘光华、彭师勤、蒋一贯、刘炳炎、吴澄华、张人价、谭寿清、胡善恒、王牧罕、杜润生、侯厚吉等一大批学界翘楚，文广益、杨时展、易庭源、刘叔鹤等众多青年才俊，云集中南财经学院，奠定了学院在中国高等财经教育领域的领先地位。学院拥有教授 87 人，副教授 24 人，讲师 32 人，助教 117 人①。此时，全国 188 所高校教授总人数为 4746 人，中南财经学院的教授总数远远超过全国高校的平均数。

经过院系调整，全国成立了东北财经学院、上海财经学院、中南财经学院和四川财经学院等四所多科性财经学院，18 所高校设有财经系科②。中南财经学院是中南地区唯一的一所财经院校。接过历史的接力棒，站上改革发展的新起点，中南财经学院扛起为国家经济建设培育德才兼备财经人才的大旗，整装出发，开启新的征程！

四海群贤至

在全国高校院系调整的大背景下，按照中央“每个大区条件具备时得单独设立一所政法院校”的原则，1953 年 4 月 3 日，中南行政委员会宣布中南政法学院成立，隶属中南政法委员会，李伯刚担任院长。

中南政法学院成立后，在汉的原中原大学政法学院一边承担干训教学的繁重任务，一边紧张有序地准备迎接院系调整师生的到来。11 月初，中山大学、湖南大学、广西大学政法系师生从粤、湘、桂三省齐聚长江之滨，胜利完成“会师中南”的任务。何襄明、卢俊凯、何炳梁、戴錞隆等著名学者通过院系调整，齐聚中南政法学院，游绍尹、张梦梅、杨堪等年轻新秀从中国人民大学毕业后加盟中南政法学院。一时间，校园内可谓“群贤毕至，少长咸集”。

---

① 参见《中南财经学院 1953—1954 学年度报表》，中南财经政法大学档案馆藏，档案号：1954-0000-036-038。

② 中国教育年鉴编辑部编：《中国教育年鉴 1949—1981》，中国大百科全书出版社 1984 年版，第 270 页。

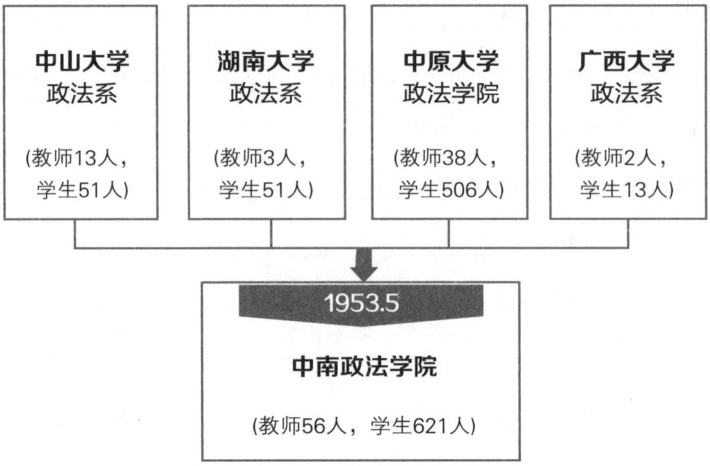

汇入中南政法学院的“四海群贤”

经过院系大调整，全国设有政法系科的大学共有六所：中国人民大学、东北人民大学、北京政法学院、华东政法学院、西南政法学院、中南政法学院①。中南政法学院作为中南地区唯一一所政法类院校，携天时、地利、人和之势，掀开了学校发展的崭新一页。

（二）同气连枝展芳华

院系调整结束后，由中原大学为主体孕育出的中南财经学院和中南政法学院，同气连枝，如孔怀兄弟，并肩启程，走上正规化、专业化办学道路，为新中国培养和输送了一批又一批的财经、政法人才。

财经人才的摇篮

作为一所聚合七大高校财经系科组建而成的新型大学，中南财经学院按照“团结全校师生员工，发扬各校优良传统，保证质量，稳步前进”的工作指导方

① 中国教育年鉴编辑部编：《中国教育年鉴 1949—1981》，中国大百科全书出版社 1984 年版，第 266 页。

针，调整系、科、专业设置，健全组织机构，整合师资力量，各项工作迅速步入正轨。

1953 年 9 月，学院先后组建经济计划、财政信贷、工业经济、合作贸易、统计、会计等 6 个系，开设 10 个本科专业，院系调整而来的 1700 余名学生分别编入相应专业年级进行学习。借鉴苏联教育模式，学院成立了 13 个教研室和一个体育教研组，所有教师编入各教研室、组，编写讲义教材，互相听课观摩教学，改进教学方法，提高教学质量。

1954 年 4 月，全国第一次财经教育工作会议召开。根据会议精神，学院确立了“培养为社会主义建设服务的、全面发展的财经专家”的培养目标，以及“理论与实际相结合、学习苏联先进经验与中国实际相结合”的教学改革方针。自此，学院步入发展快车道，短短三年，形成了以本科教育为主，兼有专科、函授、留学生、研究生教育的多层次人才培养体系，被誉为“财经人才的摇篮”。

1954 年 9 月，学院通过全国统一招生考试，招收建校后的第一批本科生，共 13 个专业，276 名学生。各专业开设政治理论课、文化课和专业课近 30 门，按照高等教育部颁发的教学计划和教学大纲进行授课。教学环节包括课堂讲授、自习与辅导、课堂讨论、生产实习、考试与考查、毕业论文（设计）及答辩等。9 月初，上海财经学院国民经济计划专业本科生 20 余人调整到学院经济计划系。五年时间里，学院共培养本科生 3740 名。

同时学院也承担着承训在职干部的任务，1954 年秋，开设统计、会计、工业经济、国民经济计划 4 个专修科，学制一年。随后两年，专修科专业增至 12 个，培养在职干部 1116 人。

1954 年，学院开始招收外国留学生，并向苏联派遣留学生，首年接受 1 名越南留学生在会计系学习，选拔派出 6 名学生赴苏联留学。随后两年陆续派出师生出国留学深造、接收留学生进校培养，邀请苏联、保加利亚专家来院讲学。

1954年8月7日，中南财经学院第一届毕业生合影（全图）

局部

1955年10月，成立函授部，开设3个专业招收函授专科学生，揭开学校成人教育的序幕。函授教育在中南财经学院时期共举办三届，培养函授生5230人。

1956年9月，学院创办研究生教育，分4个专业，招收首届研究生11名。研究生教育的开启，标志着学院人才培养跃上了新台阶。

1954年4月，学院正式向全体教师提出开展科学研究的任务，应结合教学需要，依据不同条件对国家经济建设和其他专门性的学术问题进行研究。11月，设立研究处。1955年12月，成立第一届学术委员会。1956年，中央发出“向现代科学进军”的号召，学院相继召开“向科研进军大会”和“青年向科研进军大会”，创办《中南财经学院学报》《经济问题》等专业性学术刊物。12月4日至7日，学院召开面向全国的首届科学研究会，兄弟院校、财经机关、企业、银行等单位的校内外代表900余人参加大会，会议交流论文44篇，形成了浩浩荡荡向科学进军的声浪。

1956年12月，中南财经学院举办第一届科学研究会

在浓郁科研氛围的影响下，教师参加科研人数直线上升，众多青年教师骨干在科学研究中脱颖而出，一大批学术成果得以发表和出版。朱剑农自 1955 年起，以每年一本专著的频率，连续出版 5 本高质量学术专著。1957 年，杨时展在研究“差异分析连锁替代法”的应用时，提出“因素替代无序和不连锁”的观点，该观点在 20 世纪 60 年代以后国外出版的《成本会计学》《管理会计学》《成本管理会计学》以及《会计师手册》中被普遍采纳。1958 年，赵德馨、周秀鸾、彭新雨编写的《近代国民经济史讲义》被专家和领导议定为高等教育部第一部向全国高校推荐使用的中国经济史教材。

1957 年 9 月，德意志民主共和国副总理厄斯纳（左二）访问中南财经学院

1958 年 7 月，高等教育部将中南财经学院移交湖北省管理。湖北省决定整合财经、政法院系办学力量，筹建一所以文科为主、兼有若干理科专业的省属综合性大学。9 月 27 日，湖北省委宣布中南财经学院、中南政法学院、中南政法干部学校、武汉大学法律系合并成立湖北大学。至此，培育财经专门人才的中南

财经学院，暂时走完了短暂的发展历程，重新回归到综合性大学的怀抱。

政法人才的摇篮

中南政法学院成立之时，正值新中国第一个五年计划实施之际，国家建设急需大量高素质的政法干部。继承革命大学“应济时需”的光荣传统，中南政法学院担负起培养政法人才、培训在职司法行政干部的双重使命。

1953 年 11 月，学院成立政法系，下设本科和专修科。本科生来自中山大学、湖南大学、广西大学转来的 115 名学生，已修读两年，需再修业一年。专修科学生来自统考分配进来的新生，学制两年。同期，学院还开办了以民主党派、其他机关、社会团体的骨干人员为主要对象的政治研究班。

1954 年，全国政法教育工作会议的召开，为政法教育事业的发展注入了强劲动力。根据会议精神，中南政法学院办学重点开始由短期干训教育逐步向系统化的法学本科教育方向过渡。在正规化、专业化办学方针的指导下，9 月，政法系更名为法律系，通过全国统一考试，招收 210 名法学本科生进校培养。根据“理论与实际相结合，学习苏联先进经验与中国实际情况相结合”的原则，学院积极完备组织结构，推行教学改革，实行统一教学计划，改革课程设置，编写符合中央政策和我国实际的专业讲义和教材，迅速开辟出新中国社会主义法律本科教育阵地，赢得了“政法人才的摇篮”之美誉。

建院之初，学院共有 56 名教学人员，通过内部培养、外部进修等方式，师资队伍不断壮大，到 1956 年，达到 125 人，教研室由初期的 2 个增至 11 个，各教研室经常开展集体备课、公开教学和观摩教学等活动，大大提升了教学质量。

1956 年 1 月，司法部指示将中南政法学院一分为二，即分为中南政法学院和中南政法干部学校（下简称“干校”）。干校的分立是学院发展史上的重要里程碑，过去三年内，学院轮训中南地区司法干部 1956 名，为充实解放初期的政法队伍、加强国家政权建设作出了重要贡献。

莅临中南政法学院讲学的苏联专家与听课学生合影

1958 年 9 月 3 日，中南政法学院 1954 级法律专业本科生毕业典礼合影

干校分立后，学院肩负起“集中力量培育高级政法专门人才”的新使命，集中力量发展本科教育。在总结前期办学经验的基础上，学院积极响应党中央“全面发展，因材施教”教育方针，全面调整教学计划和教学方法，优化公共必修课与专业课课时比例，减少课堂讲授时间，增加自习时间；推行教师全面负责制，

做到“既管教，又管学”，“既管教书，又管育人”；举办模拟法庭、学术辩论会，组织学生参观监狱，旁听庭审，培养学生独立思考能力。1956 年 9 月，共招收 250 名法学本科生，成为学院办学历史上招收本科生人数最多的一年。

中南政法学院师生开展模拟法庭教学活动

在向正规化、专业化大学迈进的征程中，中南政法学院的科研工作也有计划地组织起来，教师通过编写教学大纲、讲义、教学参考资料、教学法指导书等方式积极参与科学研究。1954 年 3 月，王园方、张懋、黄嘉华等人参与中华人民共和国第一部宪法草案的讨论，并提出修改意见。1955 年 12 月，学院成立首届学术委员会，设立科学研究科，制订科学研究计划。1956 年，在党中央“向科研进军”的号召下，学院组织举办多场科学论文讨论会和学术问题座谈会。1957 年 2 月，《中南政法学院学报》创刊号出版。

学院经常开展群众性文化活动，成立音乐、舞蹈、文艺、棋类、摩托车、自行车等兴趣小组，陶冶学生情操，组建业余文工团，定期举办歌咏会和舞会，师生同欢，其乐融融。

1958 年 7 月，司法部将中南政法学院移交湖北省管理。湖北省决定整合财经、政法院系办学力量，组建一所新的省属综合性大学。9 月 27 日，中南政法学院与同根同源的中南财经学院、中南政法干部学校重新融为一体，合并组建成湖北大学，肩负起新的使命与责任。

二、名家采华

（一）马哲民

马哲民（1899—1980），号铁肩，湖北黄冈人，著名爱国主义者，知名政治经济学家、社会学家、教育家和社会活动家，湖北民盟早期重要领导人之一，中南财经学院筹委会主任、首任院长，二级教授。

马哲民 1899 年出身于湖北黄冈一个普通的农民家庭，1914 年受兴业救国思潮影响，从武昌外国语专科学校肄业，赴福州高等工业学校学习技术。毕业后又怀着救国救民的夙愿远渡重洋，前往德国柏林大学研习社会学、日本早稻田大学攻读政治经济学。在日组建中国共产党和中国社会主义青年团驻日支部，任两组织书记，组织留日学生运动。1926 年回国后，马哲民立刻投身国内大革命，先后在广州国民党中央党部秘书处、国民革命军第十五军政治部等处任职。1927 年大革命失败，全国深陷“白色恐怖”之中，他转入文教岗位献身高等教育事业。

马哲民一生从教近二十载，始终恪守严谨认真的治学治教初心，勇担教书育人使命。他先后在上海暨南大学、北平师范大学社会系、广西省立师范专科学校、中国大学经济系担任系主任、教授，在课堂内外公开传播马克思主义思想，是闻名全国的“红色教授”和革命青年的“指路人”。

1932 年冬，应北平学生之请，马哲民奔赴各高校作“陈独秀和中国革命”

的激情演讲，不幸遭到国民党当局抓捕入狱，判刑两年半，后经保释出狱。1938 年，他就任朝阳学院政治系主任，因经常发表抗日救亡时事政治演讲，在课堂上宣传马列主义，再次遭到国民党当局的迫害而失去教职。直至新中国成立，他终于重返教育岗位，担任武汉大学校务委员会委员兼任法学院院长。

任教期间，马哲民致力于马克思主义政治经济学、社会学研究，笔耕不辍。仅 1929 年就出版四本专著《国际帝国主义论》《经济史》《帝国主义基础知识》《社会进化史》。随后几年又相继出版《社会经济概论》《精神科学概论》《新社会学》等著作。在这些著作中，他始终旗帜鲜明地宣传马克思主义唯物史观，用马克思主义理论审视历史，观照社会现实。

马哲民是一位优秀的教育家，始终坚守应济时需的办校育人初心，助力新中国高等教育事业的发展。1953 年，全国高校院系大调整如火如荼地进行，他受命担任中南财经学院筹备委员会主任，肩负起院系调整和整顿改革的重任。中南地区各高校财经院系近两千名师生齐聚武汉后，筹委会提出“团结全校师生员工，发扬各校优良传统，保证质量，稳步前进”的工作方针，学校工作迅速步入正轨。马哲民担任中南财经学院首任院长。

经院系调整，中南财经学院的办学实力突飞猛进。在担任院长期间，马哲民认真贯彻党的教育方针，将教学和科研视为学校的主体工作，带领学院快速走上正规化、专业化办学道路，为国家大规模经济建设培养了一万多名高层次财经专业人才，让中南财经学院“财经人才的摇篮”之美誉响彻神州。

马哲民一生与党的事业荣辱与共，长期坚守统一战线的多党合作初心，为共产党的统一战线工作不懈奋斗。马哲民 1922 年加入中国共产党，大革命失败后脱离了党组织关系，但他仍坚持以爱国民主人士的身份继续参加党领导的各项革命工作，积极投身抗日救亡运动。1942 年，他加入中国民主同盟，并当选民盟中央常委，主编民盟机关报《光明报》，以笔为枪，全力配合共产党同国民党作坚决的斗争。1948 年，受民盟中央之命，马哲民从重庆转至武汉，筹建民盟汉口地下支部。支部成立后，秘密建立地下交通站，参与对敌统战，维护社会秩序，为武汉解放发挥了积极作用。

新中国成立后，马哲民先后担任第一届全国人民代表大会代表，第二届全国政协委员，湖北省政协第一届常委，民盟中央第一、二届常委等职，为新中国的统战工作作出了重要贡献。

在1957年反右政治运动中，马哲民被诬陷为民盟“章罗联盟”驻武汉专员而划为“右派”，受到错误处理。1980年得以平反昭雪，同年因病逝世，享年81岁。

（二）朱剑农

朱剑农（1910—1986），安徽旌德人，经济学家，中南财经学院筹委会副主任、副院长，三级教授。

朱剑农是我国著名经济学家，一生勤勉耕耘，奋力开拓，早在1927年，就开始接触马克思主义创始人的著作，并紧密结合中国农村社会的现实，从农村经济入手，研究马克思主义理论经济学，回答实践中提出的问题，毕生写下了300余万字的经济学论著，是我国经济学界多产的教授之一。

朱剑农1910年出生于安徽，少年时期，就积极投身农民运动。在革命处于低潮的1928年初，他毅然加入中国共产党，从事革命活动。1932年夏毕业于上海法学院，不久因叛徒出卖被国民党政府逮捕入狱。狱中三年，他认真研读各派资产阶级经济学，钻研马克思主义经济理论，打下了扎实的政治经济学理论基础。1935年出狱后，他远赴日本明治大学留学，研读了大量马克思主义经典著作，深受日本马克思主义研究先驱者、著名经济学家河上肇的思想影响，决心毕生从事马克思主义经济理论研究。

“七七”事变后，朱剑农归国，奔赴抗日战场，从事战地文化服务工作，主编《中国农民》月刊，潜心研究我国抗战时期工、农、商等方面经济问题，在《东方杂志》《抗战月刊》《财政评论》等杂志上发表论文多篇。

1944 年夏，朱剑农应聘为国立商学院经济学教授，至新中国成立前夕，先后在四川大学、安徽大学、湖南大学任经济学教授。任教期间，他以科学的态度潜心钻研马列主义，又以无畏的勇气，在课堂上公开讲授马克思主义经济学，积极支持进步学生运动，被誉为“红色经济学家”，曾几次遭解聘。

新中国成立后，他担任湖南大学校委会常委，兼任财经学院院长。1953 年全国高校院系调整，朱剑农调入中南财经学院，先后担任筹委会副主任、副院长等职。

20 世纪 50 年代，是朱剑农学术思想的重要活跃期。自 1955 年起，他先后出版《我国过渡时期的生产资料所有制》《价值及价值规律在各种社会制度下的作用》《我国过渡时期的农业地租》《社会主义制度下的商品生产和价值规律》等一系列有影响力的著作，有力捍卫和丰富了马克思主义经济理论，为创建社会主义政治经济学和农业经济学作出了突出贡献。在这些著作中，朱剑农论证了社会主义社会各种劳动产品，不论是生产资料还是消费资料，都是商品，并指出了价值规律对社会主义生产亦有一定作用，被学术界公认为是“宽派论”（即主张生产资料也是商品的观点）的主要代表者之一。

1957 年，朱剑农根据组织安排，与李达等人共同筹建中国科学院武汉哲学社会科学研究所（湖北省社会科学院的前身），并任副所长，组建团队从事哲学社会科学研究。1964 年，他的又一力作《土地肥力经济原理》出版。他独辟蹊径将辩证法与历史唯物主义运用于土壤经济研究之中，创立了科学的土壤肥力理论和土地生产力的发展理论，形成了一门很有特色的边缘学科。

改革开放后，朱剑农重返研究岗位。短短的几年，他不仅完成了《土壤经济原理》第二版的修订工作，而且先后出版《中国社会主义所有制问题研究》《马克思主义地租理论概要》《有计划的商品经济和价值规律概论》等专著。这些著作对中国现实经济问题，有着深入独到的论述，在学术界产生了重要影响。

（三）刘光华

刘光华（1892—1975），湖南攸县人，经济学家，中南财经学院财政信贷系首任系主任，教务处处长，三级教授。

受新文化思想影响，刘光华 1917 年远赴日本留学，先后在日本第一高等学校、第五高等学校以及京都帝国大学经济学部深造。学成归国，先后在广东法科大学、中山大学、南京中央大学、湖南大学任教。1933 年，刘光华进入政府考试院工作，担任考试院首席参事和人事处处长。新中国成立后，他重返大学校园，执教于湖南大学，担任财政金融系主任。

1953 年，根据全国高校院系大调整的统一安排部署，湖南大学经济系并入中南财经学院。在中南财经学院筹备委员会设立的常务委员会中，刘光华作为湖南大学经济系的代表，成为 9 名常务委员之一，并担任财政信贷系首任系主任。

经过院系调整，学校的财政和金融学科得到长足发展，财政信贷系汇集了中南六省二市 53 位专业教师，包括留日的邓平标、孟广镕，留英的胡善恒，留美的谭寿清等，师资队伍在全国堪称豪华阵容。

在担任财政信贷系主任期间，刘光华带领全系教师不断完善教学组织，组建财政、货币流通与信用两个教研室，开设财政、货币与信用两个专业，在专业课中增设“国家税收”“国民经济各部门财务”“基本建设拨款与贷款”“财政与信贷”等课程。在教学内容方面，实现逐步从学习苏联财政理论与实践为主，转向以讲授中国财政理论与实践为主。正是这一系列探索与实践，让中南财经学院财政、金融学科这两株幼苗不断得到滋养，并最终茁壮成长为国家级重点学科。

1954 年，刘光华开始担任教务处长，他大力推行改革，不断规范教学环节，出台一系列教学管理制度，组织教师编写一大批高质量的讲义和教材，成立检查组，进行教学检查，改进教学方法，这些举措不仅提高了学院的教学质量，也激发了教师的教学热情以及学生刻苦钻研的学习劲头。刘光华十分重视外联工作，积极推动学院与中央各部以及中南财经委员会所属各部、局、各专业公司建立广泛联系和长期合作机制，有效促进了教学理论与实际的结合。

刘光华不仅是一位优秀的管理者，亦是一位杰出的学者，一生研究领域广泛，著述甚多。早在留学期间，他就开始将英国亚当·斯密的巨著《原富》第一次用语体文译出，1932 年以《国富论》为书名出版，该译本比严复文言译本更易为读者阅读。他还出版《经济常识》《殖民政策》《交通》等专著，先后被收入商务印书馆《万有文库》丛书。其所著《农业政策》《交通政策》《中国农村和农民问题》等，亦由商务印书馆在 20 世纪 30 年代出版；主编的《市镇计划》于 1954 年由高教部编审处出版。

（四）彭师勤

彭师勤（1901—1979），别号吉人，又名补拙，湖南茶陵县人，经济学家、合作理论专家，中南财经学院合作贸易系首任系主任，三级教授。

彭师勤六岁随父读书，九岁父亲病故，在兄长辅导下以优异成绩考入长郡中学。其时，长沙的革命浪潮风起云涌，受同乡好友谭云山等人的影响，彭师勤参加了毛泽东组建的新民学会和各项革命活动，学习和传播马克思主义。1925 年，他以优异的成绩从中山大学毕业，获得官费赴法留学的深造机会。

1925 年秋，彭师勤进入法国里昂大学，研习农业科学、农业经济及合作学等学科。1927 年，国内爆发“四一二”反革命政变，彭师勤的官费被停止发放，学业被迫中断，为谋生计，他不得不暂时从事写作和翻译工作。后经朋友介绍，彭师勤有幸翻译了法国著名经济学家、合作理论权威专家季特教授的名著《农业合作》。当译稿送请著者本人审定时，季特教授甚为满意。恰是这一次的翻译合作，让彭师勤一生的学术研究方向聚焦在合作理论上。

1930年，随着国内政局的变化，彭师勤的留学官费得以恢复，他进入巴黎大学法兰西学院继续深造，并得到季特教授悉心指导。受中国合作学会委托，1932年秋，彭师勤赴欧洲各国考察合作事业，在国内期刊发文介绍国外农业合作的理论与实践。

1933年3月，阔别祖国八年的彭师勤回国，先后受聘于浙江大学、中央政治大学合作学院、国立中山大学、重庆中央大学、湖南大学，担任系主任、教授职务，其间兼任中央合作金库辅导处处长和中央设计局专门委员。

在高校任教期间，正值国内时局动荡之时，彭师勤经常过着颠沛流离的生活，辗转在不同高校任职，他曾在一封家书中写道："虽系务繁忙，设施简陋，教授不够，图书尤其，困难甚多尔，但学生对我希望甚大。"他始终以饱满的热情投入到教学科研工作中，10余年间翻译出版了10余部欧洲经济学家关于合作理论的名著，这些著作把国外合作原理、经济、农业合作理论、连锁理论传播到国内，为我国合作事业的发展提供了重要借鉴。此外，他还发表学术论文30余篇，出版《各国合作制度》《建国经济制度与合作运动》《工业合作经营论》《农业合作经营论》《合作与保险》等学术著作，大力宣传合作理论和实践的重要性，积极探索适合中国国情的合作制度。

1953年全国高校院系调整，彭师勤由湖南大学经济系调入中南财经学院，成为22位筹备委员会成员之一。院系调整后，中南财经学院合作贸易系下设合作教研室和贸易教研室，开设供销合作、工业生产合作、贸易经济等3个本科专业。中山大学、湖南大学、广西大学等高校合作贸易专业教师以及中国人民大学年轻毕业生的加盟，让合作贸易系师资力量如虎添翼。彭师勤作为该系声名显赫的教授，实践经验丰富，学术造诣深厚，自然成为合作贸易学科的带头人，并被学校任命为合作贸易系首任系主任。

彭师勤带领全系教师在以开设苏联教材为主的各门课程建设中，开始中国化学科建设的探索与实践。他们深入实际，到湖北省有关商业部门进行实习和社会调查，在教学内容中穿插中国商业的实践发展内容，形成“苏联模式＋中国例子”教学法，深受学生欢迎，为国家培养了一大批合作、贸易领域的专业人才。

（五）蒋一贯

蒋一贯（1906—1980），江苏金山人，会计学家，中南财经学院三级教授。

蒋一贯1906年出生于江苏省金山县，从复旦大学毕业后受庚子赔款资助赴美国留学，进入西北大学研究院深造。20世纪30年代初回国，先后受聘担任金陵大学、复旦大学、中央政治学校、武汉大学、朝阳学院、上海法学院等高校教授，讲授会计学、簿记学、会计制度设计等课程。

1934年，蒋一贯与潘序伦、雍家源等51人，在南京共同发起成立以“研究会计学术、改进会计事务”为宗旨的中国会计学社。学社是一个小而精的专业性学术团体，聚集了当时学界、政界、商界的优秀人才，通过组织大量学术活动，创办学术期刊，开办会计补习学校和暑期讲习班，传播国内外先进会计理论，对中国会计学术繁荣、政府会计制度制定以及工商业会计革新等都产生了重要的影响。

新中国成立后，蒋一贯任教于中山大学法学院经济系。1953年全国高校院系调整，蒋一贯调入中南财经学院，此后再也没有离开这块培育高等财经管理人才的沃土。到校后，蒋一贯迅速融入新的教学团队，与刘炳炎、王牧罕等成为会计系骨干，组建工业会计、合作贸易会计、农业会计和银行会计教研室等教学基层组织，探讨各门课程的教学大纲，参与院系组织的教学观摩，推广优秀教学经验，促进青年教师教学水平的提高。

1955年，蒋一贯当选为中南财经学院第一届学术委员会委员。1957年，担任农业会计教研室主任。1959年至1964年，担任湖北大学第二届至第四届校务委员会委员。

作为学校会计学科的早期学术带头人，蒋一贯为学校的教学、科研、师资队伍建设都发挥了引领与表率作用。经过院系调整的会计学科拥有教授 15 人，副教授 9 人，师资力量雄厚。正是在蒋一贯等一批著名会计学家的共同努力和影响下，会计系内部学术氛围十分浓郁，一批批中青年教师迅速成长，纷纷在科研上崭露头角。如杨时展提出“差异分析法中因素替代无序与不连锁”的观点，易庭源提出“资金运动会计论”，边恭甫等学者合理界定农业财务、农业财务管理和农业成本的内涵，毛恩培提出工业会计理论与会计循环学说等。这些都为会计学科持续保持优势地位并成为全国重点学科奠定了坚实的基础。

由于历史原因，蒋一贯的学术成果留存下来的不多，目前可检索到的理论代表作主要是 1936 年在《会计季刊》第 1 卷第 3 期上发表的《如何设计会计制度》。该文系统阐述了会计制度设计的基本理论和方法。蒋一贯将会计学分为会计结算、审计、成本会计和会计制度四个部分，强调会计制度的重要性，指出会计制度“尤关事业的命脉，而为会计学中的一种专门知识”，会计制度的范围包括“规定公司或商店之组织及其职员之职务，内部组织之系统及生产方面之程序，公司或商店之销货金融与其他工商业上之种种行为”，并不限于人们常说的规划表格的工作。其所说会计制度的范围相当广泛，部分属于内部控制制度所研究的范畴，这说明他在 20 世纪 30 年代就开始注意内部控制制度建设问题。

蒋一贯在会计学术领域的造诣和他对会计教育事业的贡献得到会计学界公认。1988 年，他被郭道扬教授所著《中国会计史稿》收录为民国时期 76 位知名会计学者之一；2000 年，他作为 20 世纪中国会计学界名人被收入《中国会计学界百年星河图》，列入 37 位一星人物之中，排第 24 位。

（六）吴澄华

吴澄华是我国著名经济史学家，早年留学美国，在民国时期就是享有盛名的经济学者。全国高校院系调整时，由广西大学调入中南财经学院。

吴澄华（1903—1998），福建同安人，经济史学家，中南财经学院三级教授。

吴澄华1903年12月出生于福建同安，1922年就读于厦门大学，1923年转入上海大厦大学。毕业后，于1927年留学美国斯坦福大学获历史学硕士学位，后入华盛顿大学获经济学博士学位①。1935年回国后历任天津女子师范大学、上海大厦大学、湖南大学、浙江大学、华西大学、北京师范大学西北分校、甘肃学院、英士大学、湖南国立师院、国立西北大学、广西大学等大学教授，并兼任其中一些大学系、教研室、研究所主任等职。他有时会乘坐飞机在各校间往返讲学，被称为“飞机教授”。

在中南财经学院任教期间，吴澄华担任国民经济史教研室主任。教研室共有12名教师，其中教授占6名，云集了秦佩珩、彭瑞夫、黄英夫、彭正浩、欧阳涤尘等著名经济史学者，是当时全国实力最强的经济史学学术阵营。作为教研室负责人，吴澄华组织教师开设外国经济史、西方经济学说史、中国古代经济史、中国近代经济史等课程，编写《中国古代经济史》《中国近代经济史》等教材、讲义、学习资料。

在长达半个多世纪的大学教授生涯中，吴澄华博学多才，研究广泛，对历史学、文化史学、国际关系、经济史学以及经济理论均有涉猎。抗战期间，吴澄华格外关注中国民族解放、经济发展的出路以及民族工业问题，撰写《用统一的力量来巩固我们的自卫国防》《自力更生与争取外助》《运用通货政策来调整战时分配》《中国争取近代民族工业建设之回顾与前瞻》等文章，号召团结全民族的抗日力量共同救国，振兴民族工业。新中国成立后，吴澄华致力于在辩证唯物主义和历史唯物主义指导下，积极开展中西方经济思想比较研究、微宏观经济理论研究。

1980年，77岁高龄的吴澄华重归教坛。他曾以一副对联作为座右铭以自励：“人生价值在于为奉献而拼搏；梅花清香来自耐苦寒以争春。”不论严冬还是酷

① 也有早期资料记载为政治学博士学位。

暑，他都伏案笔耕，先后出版《当代经济理论思潮与流派》《马克思经济学说的创立和发展》《经济学说史纲》《中国经济史纲》《世界经济史纲》《中西经济思想通史》等一系列专著。90 年代初，邓小平发表南方谈话后，中国开启了对外开放政策，需要了解外国经济形势和经济政策，适应改革开放需要。年近九旬的吴澄华，又一头扎进书斋，一笔一画书写 45 万余字的《当代宏观经济与微观经济》一书，系统介绍宏观、微观经济的基本理论，探索中国社会主义宏观、微观经济理论及经济现状。

（七）李伯刚

李伯刚（1901—1976），字汉石，又名李书渠，湖北天门人，社会活动家、教育家，中南政法学院首任院长。

李伯刚 1915 年进入武昌勺庭中学读书。在他求学期间，正是中国新文化运动高歌猛进的年代，受新文化新思想的启蒙，李伯刚加入恽代英组建的武汉学生联合会，并成为武汉地区五四运动骨干，主编学联刊物《学生周刊》，带领学生参加集会、请愿、游行、演讲宣传活动，声援五四运动。

五四运动结束后，18 岁中学毕业的李伯刚欣然接受恽代英、林育南之邀，共同筹办利群书社，传播新文化新思潮。白日里书社销售《共产党宣言》《阶级争斗》《共产党》《新青年》《晨报》等马列主义经典著作和进步报刊杂志；到了晚上社员们围坐在灯下促膝自省，共同学习研读马列著作，不定期召开讨论会，交流学习经验。经多方努力，书社迅速成为武汉和长江中游地区传播马克思主义和新思想的重要阵地。

1921 年 7 月，李伯刚与受利群书社影响的 23 位进步青年，在黄冈创办党的第一个农村早期组织——共存社，其宗旨是“企求阶级斗争、劳农政治的实现，以达到圆满的人类共存为目的”。这与中共一大通过的第一个纲领基本精神相契合。同年秋，在陈潭秋等人的介绍下，李伯刚加入中国共产党，成为湖北早期共产党员之一。

1921年秋，李伯刚来到武汉徐家棚，开办粤汉铁路工人补习学校，动员工人反欺凌、反压迫。同他一起创办补习学校的包惠僧回忆道："那样荒僻的一个地方，办了这样一所学校，好像是沙漠出现了绿洲，大家都觉得新奇，粤汉铁路的员工，大部分的人同这个学校发生了联系。"① 1923年2月，李伯刚进入湖北全省工团联合会，负责京汉铁路工人大罢工运动的联络工作，动员京汉铁路沿线工人高举反帝反封建旗帜，加入罢工运动。事后因遭到军阀的通缉，他被迫转战江西安源，担任安源路矿工人俱乐部教育部主任，负责职工教育工作。

1926年，李伯刚脱离党组织关系，先后在湖北省政务委员会教育科、国民革命军独立第十四师政治部就职。虽然不在党组织中活动，李伯刚始终没有放弃马克思主义信仰和革命工作，他曾风趣地谈道："我虽然不是共产党人了，但是一个党外的布尔什维克。"②

抗日战争爆发，李伯刚迅速投身抗日救亡的革命洪流之中。按董必武的指示，他在武汉组建湖北战时乡村工作促进会，积极发动湖北乡村的救亡运动。为拯救流浪难童，李伯刚与李书城等人创办湖北省战时儿童保育院。抗战胜利后，李伯刚加入中国民主同盟，参与筹备并成立民盟汉口支部。1947年冬重新加入中国共产党，在武汉从事地下斗争，为武汉和平解放积极奔走。

1953年，全国高校院系大调整，在武昌组建中南政法学院，李伯刚担任院长。

凭借多年的革命工作经验和对教育事业的无限热爱，李伯刚迅速凝聚院系调整来校的各方师生力量，投身于学院正规化、专业化建设。按照"学习苏联先进经验与中国实际情况结合"的原则，他带领中南政法学院完备组织机构，改善办学条件，扩充师资队伍，推进教学改革，提升教学质量。短短三年，中南政法学

① 包惠僧：《包惠僧回忆录》，人民出版社1983年版。
② 《李书渠：提笔做革命刀枪》，《新京报》2011年6月17日。

院实现了华丽蜕变，由一个短期轮训为主的院校转变为以培养四年制法律本科为主的国家正规大学，不仅开辟出社会主义法律本科教育阵地，也赢得“政法人才的摇篮”之美誉。

1955 年，李伯刚调离中南政法学院，先后担任中共武汉市委统战部第一任副部长、武汉市人民政府秘书长等职。

三、逸事集萃

（一）海归人才名片

“所谓大学者，非谓有大楼之谓也，有大师之谓也。”师资人才是一所学校的灵魂。在中南财经学院、中南政法学院这两所新兴高校里，聚集着一支以海归教授为主体的大师队伍。

这批 59 人的海归师资①，毕业于世界名校，接受过正规系统的高等教育和学术训练，具备新式教学理念和方法，怀揣建设祖国、服务祖国发展的爱国理想，积极投身教育事业。他们为学校的学科建设和学术发展插上了奋飞的翅膀，他们为社会主义事业培养了一大批优秀的人才，他们是学校历史上最闪亮、最耀眼的海归人才名片。

中南财经学院海归人才

日本（23 人）

早稻田大学：马哲民、刘隆恕、邓平标、谭云峰、黄宣章

明治大学：朱剑农、梁道清、梁式文、方铭竹、朱荣美

① 由于资料来源有限，可能有遗漏。

京都帝国大学：刘光华、刘振群、谭崇夏

九州帝国大学：潘汝瑶、孟广镕

中央大学：沈次江、曾仲谋

法政大学：黄英夫、杨铿沪

京都大学：周光琦

庆应大学：胡善恒

东京文理科大学：陈绶荪

留日半年：郑麟翔

美国（15人）

斯坦福大学：吴澄华

威斯康辛大学：王牧军、文广益、谭寿清

华盛顿大学：吴澄华、沈心立

哥伦比亚大学：王牧军、李燮棠

西北大学：蒋一贯、曹廷献

纽约大学：刘炳新、陈卓思

芝加哥大学：陈苏然

伊利诺伊大学：张人价

明尼苏达大学：谢心正

宾夕法尼亚大学：司徒森

俄亥俄大学：陈显时

法国（8人）

巴黎大学：彭师勤、刘叔鹤、李蕃、向郁阶、陈道良、萧晚滨

南锡大学：曾还九

图卢兹大学：吴义修

英国（4人）

伦敦大学：胡善恒、严伯奎

爱丁堡大学：伍英树

合作社专门学校：张国维

德国（2人）

柏林大学：马哲民

马堡大学：黄植尧

瑞士（1人）

弗里堡大学：吴树敏

中南政法学院海归人才

美国（2人）

何炳梁（西北大学）、朱伯然（南加州大学）

法国（2人）

何襄明（巴黎大学）、卢俊凯

日本（3人）

曾志时（明治大学）、陈国纯、饶汉枋

英国（1人）

章导（伦敦大学）

在这张亮眼的海归集体人才名片中，呈现出三大显著特征。

一是名校毕业，具备专业教育背景。他们紧跟知识更新、社会进步的时代步伐，漂洋过海，求学域外，就读于欧美日名校，受到较系统的专业教育。大部分毕业于经济学、法学等专业，且学历层次较高，涵盖本科、硕博士研究生及双学位。如国民经济史教研室吴澄华、政治经济学教研室曾还九、财政信贷教研室吴义修、工业经济教研室黄植尧、经济统计教研室李燮棠均为经济学博士，民法教研室何炳梁、国家法教研室卢俊凯均是法学博士毕业。

二是身兼数职，社会实践经验丰富。他们学成归国之后，既阅有字之书，又读无字之书，很多人身兼政界、商界、学界数职，接受过不同岗位的磨砺，拥有丰富的社会经验，在教学科研中，更能做到理论联系实际。如会计系主任王牧罕曾任北京金城银行稽核、河南农工银行副行长、政府资源委员会专门委员兼会计设计委员会主任委员、经济部农本局专员等职，财政信贷教研室胡善恒曾任国民政府湖南省财政厅长、广东省财政厅长、行政院会计长等职，货币流通与信用教研室刘隆恕曾任中国工矿银行总行稽核主任、聚康银行都匀分行经理等职，民法教研室何炳粱曾在广州、上海等地兼任执行律师。

三是教书育人，科研成果丰硕。他们教学经验纯熟，科研水平较高，回国在高校任职后，绝大部分被聘为教授职称，加盟我校后，都是各教研室的中坚骨干力量。他们普遍承担着大量专业核心课程的教学任务，同时也是该学科的学术带头人，发挥着学科开拓者、奠基者的引领作用。他们积极编写课程讲义、发表专业论文、出版学术著作，不断推动学科专业向前发展。如中南财经学院副院长朱剑农被学术界公认为是“宽派论”的主要代表者之一，其著作《土地肥力经济原理》被译为多国文字；货币流通与信用教研室谭寿清对货币理论研究造诣颇深，被称为“货币大王”。

（二）首届留学生和研究生

在短短五年的办学历程中，中南财经学院为国家培养和输送了一万余名财经专业人才。在他们当中，有两个耀眼的群体，虽人数不多，但代表着学校人才培养的两个新层次，他们就是学院的首批留学生和研究生。

首届留学生

陈俊凯来自越南，是中南财经学院 1954 年 9 月招收的第一批留学生，也是当年唯一的一名留学生。入学后，陈俊凯在会计系会计专业本科学习。

学院对陈俊凯的学习、生活关爱有加，指定专职教师和学习成绩优异的同学加强辅导，允许他免修俄文，以保证有充裕的时间学习其他功课。在期末考试中，陈俊凯的各门功课都在合格以上。师生们常常邀请他参与各种文娱活动，很快他便与校内学生打成一片。四年后，陈俊凯从中南财经学院顺利毕业，返回祖国建设家乡。

1956 年至 1957 年，学院又相继招收了两批 11 名越南留学生，在信贷、工业经济、贸易经济专业学习。毕业后，他们进入到越南财政部、国家计划委员会、财政大学等单位工作，成为建设祖国的栋梁之才。

1957 年入校的贸易经济专业留学生在课后进行集体讨论

首届研究生

学校在中原大学初期，就开始招收研究班学员，首批学员 24 人，学制 3 个月。1948 年 12 月，中原大学成立研究部（又称“四部”），下辖政治研究室、文艺研究室和研究班，负责理论研究和研究生培养。1949 年 12 月，财经学院成立时设置财经研究室，招收一年制研究班学员，主要培养学校师资人才。这是学校研究生教育的雏形。

经高等教育部批准、正式的两年制研究生教育始于 1956 年 9 月，11 名来自中南财经学院、武汉大学、四川财经学院的应届本科毕业生通过选拔，顺利成为中南财经学院研究生班的“黄埔一期”。

当年全国范围内共招收83名财经专业的研究生，中南财经学院的研究生招收比例高达13.25%，由此可见高等教育部对学院综合办学实力的高度认可。

进校后，11名研究生分布在四个不同的专业学习，其中，政治经济学专业4名，工业经济专业3名，货币流通与信用专业2名，国民经济各部门财务专业2名。

按照高等教育部的要求，研究生教育的主要任务是“培养高等学校师资和科学研究人才，研究生毕业后能够讲授所学专业的1至2门课程，并具有一定的科学研究能力”。学院按照少而精的原则进行授课，共开设政治理论课、俄文课和4门专业课，配备胡善恒、谭寿清、蔡次薛、肖鸿彦、张寄涛、吕调阳等一批老中青相结合、学术造诣深厚的研究生指导老师。

据研究生夏兴园和张良萍回忆，当时学校对研究生的培养高度重视，“单独在研究生中成立党、团支部，并有一名党委副书记经常联系，关心研究生们的思想进步，在生活上把学校对面风景秀丽的蛇山脚下的用房作为研究生宿舍和学习活动场所……导师们对研究生要求严格，循循善诱，布置阅读的原著和学习书目具体，并且经常检查读书笔记和学习情况，要求在每次课堂讨论前必须写出详细的发言提纲，在讨论中导师和研究生各抒己见，就不同认识展开争论，有时争的面红耳赤……除了安排研究生担任部分教学任务外，学校还安排劳动锻炼和参加一些社会调查和实践活动，并要求把学习和科研结合起来。为此，学校专门安排我们到湖北潜江周矶农场参加几个月的劳动锻炼和实习，现在看来，这些对研究生成长来说，都是很有益处的”。①

① 夏兴园、张良萍：《春华秋实五十载——记研究生入学五十周年》，《中南财经政法大学报》2006年6月5日第207期第三版。

经过两年的培养，研究生们的思想政治素养和学业水平都得到了极大提升。除 3 名研究生因家庭经济原因中途退学转为助教外，其他同学都在 1958 年顺利毕业，奔赴全国各地的教育系统工作。

首届研究生夏兴园被分配留在母校任教，在几十年的教学科研工作中，他教书育人，桃李满天下，潜心科研，开辟了我国地下经济学这一新兴学科园地。而今虽已进入耄耋之年，仍笔耕不辍，2019 年被国家统计局中国经济景气监测中心授予“中国百名经济学家信心调查特邀专家”称号。夏兴园严谨求实的治学精神和锲而不舍的学术追求，从一个侧面诠释了当年中南财经学院研究生教育的培养成效。

中南财经学院首届研究生夏兴园，2019 年获得“中国百名经济学家信心调查特邀专家”称号

由于国家招生政策调整，1957 年至 1959 年，全国大幅度缩减财经专业研究生招生规模，学校暂停研究生招生。1960 年，学校恢复研究生招生，分两个专业招收 30 名研究生进校培养，原计划学制三年，后因政策变化，这批研究生读完两年就被分配至基层工作。改革开放后，国家恢复研究生教育，实施学位制

度，我校金融、工业经济专业于 1978 年率先恢复招生，学校成为全国首批获得硕士学位授权点的高校，经济学、法学、哲学等多个学科相继获得硕士学位授权点。自此，学校的研究生教育进入快速发展期。

（三）实验室里的“传家宝”

中华鲟鱼标本、1955 年出产的贵州茅台酒、羊楼洞米砖茶、云南普洱砣茶、大中华听装香烟、6 套 48 件特制茶叶品评用具、各类畜牧和农作物模型、植物及病虫害标本……这些珍藏在中南财经政法大学校史馆的展品，是从中南财经学院实验室流传下来的“传家宝”。它们见证了建校初期学校实验室建设与发展的光辉历程。

陈列于中南财经政法大学校史馆中的实验室藏品

自建校起，中南财经学院紧跟社会专门人才培养需求，依托主干学科陆续筹建各类实验室，拓展学生视野和动手能力。1953 年合作贸易系创立学校第一个实验室——商品学实验室，1955 年农业经济系创建农业技术学实验室和农业机具实验室，1957年工业经济系建立工业技术学实验室。依托工、农、贸三大实验室，中南财经学院成为当时国内经济管理类学科实验教学的先行者。

在资金紧张、物资匮乏的50年代，学院挤出经费购置了一批批国内外先进的实验设备、器具，老师们也发扬“自力更生，丰衣足食”的精神，带领学生动手制作大量的实验器材、标本、模型和挂图。

1956年春夏之交，商品学实验室的4名老师从首义阅马场菜场购得一条长2.2米、重60余公斤的中华鲟，经解剖加工制成了一条栩栩如生的中华鲟标本。随着中华鲟被列为国家一级重点保护动物，这条保存完好的鲟鱼标本便成了实验室里的“镇室之宝”。

农业技术学的老师们则带领学生下到田间地头，采集农作物制成各种标本，工业技术学的老师和学生共同制作了许多机械零件模型和挂图。这些活动不仅锻炼和培养了学生的实践能力，同时也为实验教学增添了许多器材和演示教具。

“文革”前夕，学校的实验室建设已初具规模，占地60平方米的商品陈列室，陈列着各类日用工业品、纺织品、食品等，犹如一个小型百货商店。1955年出产的贵州茅台酒、羊楼洞米砖茶、6套48件特制茶叶品评用具、农作物模型……这些平日里难得一见的丰富展品，令学生们大开眼界。同时实验室还配合理论课程的教学，开设“显微镜观察纤维和棉布实验”“粮食水分测定”“搪瓷制品质量检测”等系列在当时文科院校中属于高水平的实验项目，为经管实验室建设赢得了“北有人大，南有湖大”的美誉。

“文革”期间，学校办学活动受到严重冲击，实验室仅剩一名管理员留守。在她的精心守护下，终于让历经十几年艰苦创业建立起来的经管实验室和这批“传家宝”得以完整保存。

实验室里的这批“传家宝”承载着一代师生难忘的记忆，也激励着后来者传承和延续学校过去的荣光。经过一代又一代师生的建设和积累，2007年，经济管理实验中心如愿跻身国家级实验教学示范中心行列。

第三章 阳光总在风雨后

——湖北大学、湖北财经专科学校时期

（1958—1977年）

一、历史撷英

1958年到1978年，学校经历了湖北大学、湖北财经专科学校时期。这段时期，学校克服重重困难，努力创造条件，坚守了社会主义高等教育正规化办学的理念和方向，坚守了全国为数不多的高级财经政法人才教育基地，体现了一所拥有优秀革命传统的高等学府所具有的顽强的生命力、旺盛的活力和不屈不挠、坚韧不拔的精神风范。

（一）两校首合同其心

1958年，在国家管理体制进行权力下放改革的大潮中，中央对教育管理体制进行了改革，开始下放高等教育管理权限，高等教育实行以地方分权为主的教育行政体制。

为积极响应中央的决定，1958年7月，教育部和司法部分别将中南财经学院、中南政法学院、中南政法干部学校移交给湖北省管理。湖北省决定把中南财经学院、中南政法学院、中南政法干校、武汉大学法律系合并组建湖北大学，拟改办为省属综合大学①。

经过短期紧张筹备工作，湖北大学于1958年9月30日在原中南财经学院和中南政法学院的校址正式成立。学校主要负责人是：校长孟夫唐（兼），副校长李光斗，党委书记朱劭天，教务长刘昂，副教务长金畅如。

湖北大学正式成立时，由原中南财经学院和中南政法学院等院校转来全日制

---

① 见1958年9月22日湖北省人民委员会（58）鄂文办字第425号文件，藏于中南财经政法大学档案馆。

湖北大学校门

本、专科学生共3740人，在册函授生4493人、教师447人、职工591人。学校成立后，迅速调整了系、科与专业设置，下设政治、法律、工业经济、农业经济、计划统计、财政贸易、数学等7个系，以及物理系与化学系2个筹备组。建有10个专业，32个教研室，80门课程①。

与专业相适应，资料室、实验室也有所增加，图书馆的藏书扩大到60万册。财经专业的函授教育，由原在武汉、郑州、长沙设立教学辅导站，进一步延伸到广州、南宁，发展为全中南地区的函授教育。武汉大学法律系并入湖北大学后，如薛祀光、曾昭琼等一批拥有国外留学经历的原武汉大学法律系资深教授，充实了湖北大学法律系的师资力量。

当时湖北省对湖北大学性质的定位是，建成一所包括理科和文科的综合性大学。为使学校尽快实现办综合大学的目标，同时也是为了贯彻教育方针、开展教育革命，学校开始紧锣密鼓地筹办新的专业。在学科建设上求大求全对于当时的湖北大学来说，取得了一定收获，如政治系的创立就实现了教学资源的聚拢与优化配置，不仅增添了一个新专业，而且强化与突出了基础学科，对全校的各专业学科教学与发展起到了有力的支撑与配合作用②。

① 参考1958年12月15日《湖北大学概况》，藏于中南财经政法大学档案馆。
② 参考1958年12月15日《湖北大学概况》，藏于中南财经政法大学档案馆。

这段时期，学校强调专业教育与生产劳动相结合，号召并组织全校师生参加劳动和下乡下厂，结合劳动进行社会调查。与此同时，在学校掀起群众性的科学研究高潮，展开了建设新的学科体系、教材体系的探索，广大青年教师和学生受到了一定程度的学术洗礼和磨炼。

1959 年 3 月 30 日、5 月 18 日，学校第一次党员大会和师生员工代表大会先后召开。这两个大会的召开，明确了学校全面贯彻教育方针的方向，对引导教学工作走上健康发展的轨道起到了积极作用。

湖北大学第一次党员代表大会

在进行教学改革之余，学校开展了群众性的体育锻炼和文娱活动。在校学生进行一个多月的锻炼，在劳卫制[1]一级、二级、三级运动员和普通射手

① 全称“准备劳动与卫国体育制度”，创始者是苏联。劳卫制的等级分三档，即少年级、一级、二级。1964 年，中央正式废除劳卫制名称，改称《青少年体育锻炼标准》；1974 年，改称《国家体育锻炼试行条例》；1975 年，改称《国家体育锻炼标准》；从 1979 年开始，结合实践经验不断对其进行修订；1990 年，改称《国家体育锻炼标准施行办法》至今。

等几个项目的通过考试中均取得了较好的成绩，获得了省体委和省高教厅所颁发的红旗。在文娱方面，全校创作歌曲、诗歌上万首，舞蹈 60 个，剧本 100 多个。1959 年第二学期配合政治运动演出 170 场，到校外演出 60 多场。①

（二）教学科研上正轨

1960 年 3 月，鉴于国民经济发展中出现严重困难，党中央提出了“调整、巩固、充实、提高”的八字方针，全校师生员工由衷地拥护，在湖北省委和湖北省人民委员会的领导下，学校进行了若干大的调整。

在学科设置方面，省委决定撤销湖北大学数学、物理、化学、俄罗斯语言文学 4 个专业，政治系的哲学、政治经济学专业不再上马，增设中文、历史专业的规划也被撤销。在管理体制方面，学校停办或转办函授教育联合业余学校，着手精简机构，压缩在编人员，动员教职工下放基层和农村。在科学研究方面，掀起学习毛泽东著作热潮，编选出了一批毛泽东有关论述的汇编，开展专题性研究，推动了以毛泽东思想为指导进行的教材改革和编写②。

1963 年 2 月，省委宣传部和省教育厅对学校的管理体制提出了新方案，7 月，经教育部同意，湖北大学仍由湖北省领导，但专业设置、招生、毕业分配则由中央教育部负责。省委为减轻城市经济负担，1960 年 8 月曾决定将湖北大学迁离武汉市到阳新县建校。学校校务委员会决定组织建校筹备机构，由林山副校长负责，并组织各系师生轮流到阳新县参加建校劳动，直到 1962 年 11 月，由于多种因素，到阳新县建校的规划作罢。以后又多次派出

① 参考 1959 年《湖北大学关于贯彻党的教育方针的初步总结》，藏于中南财经政法大学档案馆。

② 赵凌云主编：《中南财经政法大学学科学术发展史》，中国财政经济出版社 2003 年版，第 44—45 页。

勘察人员去随县等地选择校址，准备筹建湖北大学分校。1964 年底，最后确定在咸宁市建校，学校成立迁校办公室，并派出人员到咸宁市建立了迁校筹备处，完成了征地、地形勘察以及施工前的准备工作。1965 年 11 月，也因省的财力问题等多方面的原因而搁浅。

1961 年 10 月，教育部正式颁发了《教育部直属高等学校暂行工作条例（草案）》（简称“高教六十条”）。这是全国高等学校贯彻“调整、巩固、充实、提高”八字方针的具体政策规定。在省委和省教育厅统一部署下，学校全力学习和贯彻这个条例，并结合实际情况，总结建校以来的经验教训，规划今后工作，取得了较好的成绩。

教学工作恢复正常。“以教学为主努力提高教学质量”，在这一根本要求下，学校修订各专业教学计划，加强教材建设，关注留学生教育，开办社会科学类研究生短期班，教学纪律和秩序得到巩固。

科研活动蓬勃开展。学校贯彻“双百”方针，科学研究风气有了改进，各系、教研室范围内各种小型学术活动活跃。原中南财经学院《经济问题》与《中南政法学院学报》合并，编辑出版学报《政治与经济》（月刊），为促进学校科研建设发挥了积极作用。在良好的学术氛围中，学校产生了一批重要的科研成果。

据不完全统计，1959 年，各系、教研室编出教材 12 种，列入科研的项目 343 项。1961 年到 1964 年的 3 年中，完成自编讲义 58 门，专题论文 206 篇。在 1959 年和 1963 年召开了两届全校科学讨论会，仅兄弟院校和业务部门的同志就有 400 人参加。

1959 年，受教育部委托，政治系郝侠君、张旭、李白云参加了李达主持的《马克思主义哲学（湖北卷）》教科书的编写工作。1960 年 3 月至 6 月，计统系、工经系、农经系等师生 11 人，到长江流域规划办公室参加了三峡枢纽经济论证工作，与中国科学院经济研究所的专家一起，完成了综合经济报告、专题研究报告21个，资料性报告6个。1960年，计统系编著的《工业统计》由湖北人民出版社出版。袁继成、郭力达、曾子鑫完成《世界通史》专著3册。周骏、陆华铎在《江汉论坛》《经济研究》等刊物发表了一些有创见的学术论文。1964年，学校派李贤沛等参加了由中国科学院经济研究所主持、马洪主编的新中国第一部管理学专著《中国社会主义国营工业企业管理》的编写工作。1966年初，计统系教师关其学参加了“长江三峡投资经济效益研究”。

函授教育健康发展。湖北大学函授教育共设有7个专业，5个函授教学辅导站。为规范管理，学校相继出台了《湖北大学函授生守则》等规章制度，进一步提高了函授教育规范化程度，使学校成人教育逐步走向健康发展的轨道。

湖北大学首届函授本科生毕业论文答辩会

师资队伍优化提高。学校切实贯彻“高校六十条”，正确执行知识分子政策，对师资队伍进行调查研究，根据教学实践对教师队伍进行调整，指导教师制订个人规划，选拔优秀教师进行重点培养，吸收、推荐高级知识分子担任行政领导职务。学校教师在数量和质量上有了很大的提高，满足了教学和科研的需要。

1962年，教育部副部长刘子载来汉主持召开了一次师资培养工作会议，特别强调了尖子教师对学校建设的重要作用。为此，学校选拔了45位骨干教师实行分期分批培养。1962年进行首批培养，1963年进行第二批培养，每批5人，重点培养2—3年，其间减免教学任务和教学行政工作，保证有半脱产的时间专门读书或进行科研，为他们专设了读书的房间，给予借阅图书和资料的方便等。

教育部副部长刘子载来校视察工作

1962年7月，九三学社社员、湖北大学教授张人价致信毛泽东主席，向他报告父亲张有晋故去的讯息。张有晋是毛泽东主席在东山学堂和湖南省立第一师范的恩师。毛泽东主席得知很快回信吊唁并寄来300元钱。7月19日毛泽东复信："惊悉有晋先师因病逝世，不胜哀悼。谨此致唁。另奉薄仪一份，聊助营奠之资。”这封唁函多年以来一直珍藏于张人价教授家中。①

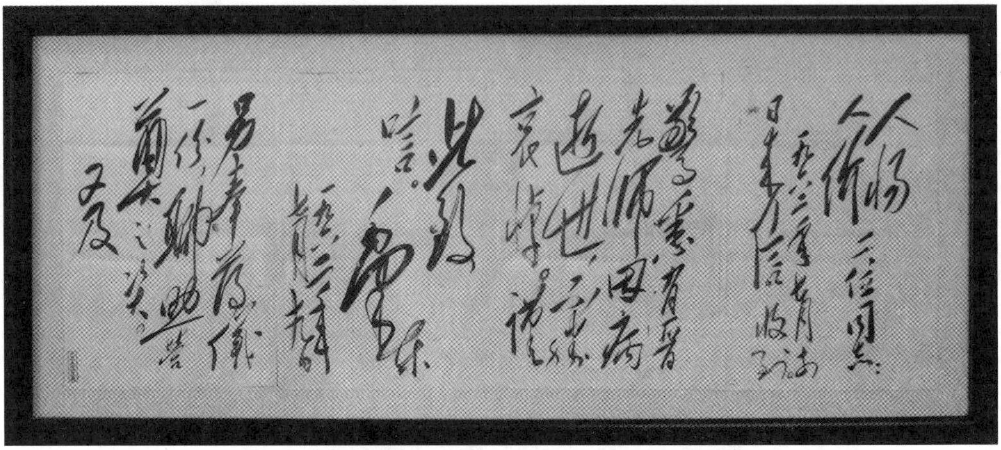

毛泽东主席给张人价教授的亲笔信

建章建制有所作为。学校进一步健全领导体制，加强思想政治工作，从教学、科研、生产劳动、学生守则、人事到总务、财务，从校务委员会到系务委员会、系、科室等各方面的条例制度在短时间内迅速建立起来，并付诸实行。1960年，学校规章制度汇编（第一辑）出台，含各种条例、制度50余种。

1961年至1964年，学校在“高教六十条”的指引下，各方面工作都有长足进展，教学秩序井然，教材编写的质量、数量都超过此前几个时期。严肃认真、对学生负责的教风，刻苦读书、集思广益、严以治学的研究风气，在大多数教师身上得以体现。校园建设也在绿化、净化、美化的目标下进行，整洁优美的教学环境使师生心旷神怡。

（三）坚守阵地求发展

1966年5月至1976年10月，受“文化大革命”的影响，学校在曲折中艰难

① 毛泽东主席去世后，其亲笔书信均由中央档案馆统一收藏。该信原件于1978年被中央档案馆收藏，现张人价教授女儿张冬阳家中收藏的为盖有“中档复印件”章的复印件。

发展，虽遭遇重重困难，仍通过各种努力，坚守了全国为数不多的财经政法教育阵地，顽强地生存下来。

1971 年 8 月，全国教育工作会议在其纪要附录中作了“湖北大学撤销政法部分保留财经部分”的说明。同年 12 月 7 日，湖北省革命委员会决定，湖北大学撤销政法专业，保留财经专业，改名为湖北财经专科学校。当时，全国原有 18 所财经院校，16 所已经被撤销，仅有“一所半”（辽宁财经学院、湖北财经专科学校）得以幸存，湖北大学“降格”为湖北财经专科学校就是其中的“半所”。

1972 年 1 月 10 日，湖北财经专科学校（简称“湖北财专”）正式成立。湖北财专成立后，实行中共湖北财专临时委员会领导下的湖北财专革命委员会负责制。在临时党委的领导下，全校干部师生为重建学校和恢复正常的教学作出了许多努力，取得了较大的成绩。

调集四处流散的教师。学校分批陆续将原湖北大学调出的教师调回学校。当时下放到京山、沙洋等地插队落户劳动的干部教师基本上于 1972 年内调回；经同兄弟单位协商，分配在武汉地区其他院校和其他单位的教师干部也于 1974、1975 年陆续调回学校。同时，发动群众物色推荐适合教学工作的干部、知识分子来校工作。

恢复招生和教学秩序。湖北财专成立不久，就开始举办短训班。这些训练班在当时财经教育和人才培养中断多年的情况下，起到了沙漠引泉、雪里送炭的作用。同时，学校尽力为社会培养较高质量的人才。湖北财专成立不到半年，就招收了学制两年和两年半的专科班（当时称为普通班）。到 1976 年，全校恢复招生有 10 个专业，培养专科毕业生 800 余人。1973 年 9 月，学校国民经济计划专业招收本科生，这是学校招收的唯一一个本科班①。1975 年 1 月，成立了基建财务教研室，1975 年底即招收基建财务与信用普通班（专科）100 人。经过数年发展，成为一度拥有教工 200 余人、各类学生近千人的基本建设经济系。1975 年

① 赵凌云主编：《中南财经政法大学学科学术发展史》，中国财政经济出版社 2003 年版，第 599 页。

10 月，学校成立经济研究所。

学校根据中共湖北省委的意见，努力保存了政治、法律专业教师力量，并通过举办短训班、进修班的特殊方式，开始逐步恢复法律专业的招生和教学。1976 年，学校借紫阳路①烈士祠招收法律专业进修班，扩大了法律专业的社会影响。在此期间，学校还一直与公检法部门保持密切的联系，保留住法律专业的星星之火，为日后中南政法学院的恢复重建奠定了基础。

科研工作取得成果。湖北财专期间，与武汉大学联合编写了《马克思、恩格斯、列宁论社会主义经济》这一著作，全书 30 余万字，较系统、完整地编选了革命导师关于社会主义经济的经典论述，成为后来批判“四人帮”、开展教学科研的重要基础论著。

赴西藏工作的工农兵学员合影

① 现张之洞路。

湖北财专的6年间，以张赤侠为首的临时党委带领群众，克服种种困难，为保存学校教学及行政骨干力量，为保存全国仅存的一所半财经院校当中的这块教育阵地，做了大量的工作①。在1976年粉碎“四人帮”以前，学校恢复到10个专业，教师队伍达到350人，培养专科毕业生800多人，培训各类干部两万多人，为社会主义教育事业作出了贡献，为以后学校的恢复、发展，积累了一定的力量，奠定了基础。

二、名家采华

（一）孟夫唐

孟夫唐（1896—1980），河北永年人，教育家。曾任中原大学教务长、副校长，湖北省副省长兼湖北大学校长。

孟夫唐，原名孟宪禔，字福堂，抗日战争开始后改名孟夫唐。早年参加革命，历任冀南行署副主任、冀鲁豫行署主任、武汉市副市长、湖北省副省长等职。他的革命生涯总是与办学息息相关，先后参与创办冀南建国学院、北方大学（中国人民大学前身）、中央民族学院中南分院（中南民族大学前身）等②。

1927年，孟夫唐考入北京师范大学教育系学习。毕业后，由于成绩斐然，留校任教育学院助教。1931年，孟夫唐出任河北邢台第四师范校长，主张民主自由，学以致用，鼓动改革。在学校开设政治经济课程，安排图书馆配置马列主义经典著作，引导学生关

① 赵凌云主编：《中南财经政法大学学科学术发展史》，中国财政经济出版社2003年版，第49页。

② 《河北人物：湖北省原副省长孟夫唐》，2019年6月3日搜狐网 https://www.sohu.com/a/318349101_100032072。

心时事和群众疾苦；在教学管理上，倡导教法改革，指导乡村学校举办师资讲习会，召开在校学生回乡见闻座谈会，促进教育质量的提高。

1935年11月，因为日本帝国主义掀起的所谓“华北自治运动”，孟夫唐激于义愤提出辞职予以抵制，旋即调保定河北第二师范学校任校长。数月后，调河北省教育厅作督学。1936年至1948年间，孟夫唐历任大名中学校长、华北军政干校太南游击司令部秘书长、冀南干部学校校长、冀南行署教育处处长等职务。

1948年春，孟夫唐调冀鲁豫边区北方大学任教务长。7月，北方大学和华北大学合并，孟夫唐任华北大学学部主任。中原大学创办后，孟夫唐南下，任中原大学教务长。1949年，中原大学南迁湖北武昌，孟夫唐任副校长。

1951年1月，中原大学受中南军政委员会委托，筹办中央民族学院中南分院，作为中原大学副校长的孟夫唐兼任院长，直至1953年11月①。

1953年，高等院校院系调整，中原大学建制撤销。孟夫唐调中南文教委员会任副主任兼中南教育局局长。

1954年，行政大区撤销，孟夫唐调武汉市任副市长兼市委文教部长。1956年至1964年任湖北省副省长兼省委教育部长。1958年，湖北大学成立，孟夫唐兼任校长。

孟夫唐坚持教育与生产劳动相结合的教育思想，力争为国家培养德、智、体、劳全面发展的有用人才。他十分赞赏陶行知在南京晓庄师范的教育思想和实践，主张学生要有生产和劳动的技能。他在总结教育与生产劳动相结合的实践基础上，增设军事训练，进一步提出“三杆”的教育主张。要求学生：第一，会拿“笔杆子”，能写能编能画能宣传；第二，会拿“锄杆子”，懂得生产能劳动；第三，会拿“枪杆子”，掌握行军打仗的本领②。孟夫唐的教育思想在其发表的《当前教育工作中的几个问题》《开展经常性的体育运动》等文章中得以体现。

---

① 《孟夫唐：一生革命，办学不止》，2008年4月28日《中南财经政法大学报》总第272期 http://znufe.cuepa.cn/show_more.php?doc_id=58865。

② 《河北人物：湖北省原副省长孟夫唐》，2019年6月3日搜狐网 https://www.sohu.com/a/318349101_100032072。

1959年4月4日，在湖北大学教职工党员大会上，孟夫唐校长发表讲话。在讲话中，他谈道："我们说的教育体系不是一个单位、一个厂矿从办小学、中学到大学的这样一个体系，而是从一个学校内部的全部活动中，即从方针、教学大纲、教材、教学方法、教学中的规章制度及其他工作，建立一个新的完整的教育体系。建立新的教育体系的关键性问题是教育与生产劳动相结合。为了更好地贯彻教学、生产劳动、科学研究三结合的方针，为了教好学好，必须建立新的师生关系，必须搞好教材，进一步贯彻"百花齐放、百家争鸣"方针，开展学术讨论，有计划、有政策、有组织、有领导地进行，这要求我们的工作要愈作愈细。一方面要搞轰轰烈烈的群众运动，一方面要精雕细刻，这样才能把工作作得更好。"①

第一排从左至右：钱俊瑞、吴玉章、孟夫唐、成仿吾、刘介愚

1980年7月19日，孟夫唐病逝于武汉，享年84岁。孟夫唐同志在抗日战争和解放战争时期，坚决贯彻执行党的路线和方针政策，不畏难苦，积极工作，为中国人民的解放事业贡献出自己的力量；在社会主义革命和社会主义建设时期，

① 摘自1959年4月4日《孟夫唐校长在党员大会上的讲话》，藏于中南财经政法大学档案馆。

一直负责文教工作，努力完成党交给的各项任务，为党的教育事业鞠躬尽瘁，是一位伟大的无产阶级革命家和教育家。

（二）刘炳炎

刘炳炎（1906—1990），江西南昌人，会计学家，中南财经学院时期三级教授。

刘炳炎出生在江西南昌一个贫农家庭里，自幼饱尝人世艰难。1922 年高中毕业后，因无力缴纳中学学费而辍学一年。后来，有老师替他交了五元钱的学费，他才得以进入江西省立第一师范学校继续学业。

1929 年，刘炳炎作为江西省选派的高才生，为了免缴学费，并能取得生活补贴，前往南京应试中央政治大学，被该校财政系录取。在大学四年间，他攻读了大量美国当代财政和会计原著，这为他后来所从事的教学与研究工作，奠定了坚实的基础①。

1933 年大学毕业后，刘炳炎一直从事教学工作。他先后执教于杭州高中财务专修班、中央政治学校附属蒙藏学校、中央政治大学、湖南省国立商学院、湖南大学财经学院。1953 年全国高校院系调整，调入中南财经学院，后一直在我校从事会计专业教学工作，为国家培养了大批财务会计人才。

在教学之外，刘炳炎还致力于财政会计理论研究，几十年笔耕不止。1934 年出版《中国关税小史》，1938 年出版《纸币与战争》，1939 年发表论文《论金融》《法币问题》，1940 年发表论文《英国第一次世界大战和财政》《论社会保险》《论经济建设》。抗日战争胜利后，他的研究集中到会计理论方面。1946 年，他在《湖南日报》《经济周刊》上发表了论文《会计上的估价问题》。1947 年湖南大学石印出版了他编写的教材《高等会计》。

新中国成立以后，刘炳炎对社会主义会计建设极为关注。他先后在《中南财

---

① 张杰明：《著名会计学家、会计教育家刘炳炎》，《财会月刊》1992 年第 7 期。

经学院学报》《经济问题》等杂志上发表了《论会计核算的对象和方法》《论帐户分类》《论有关经济核算的几个问题》等论文，探讨会计理论问题；还主持编写了教材《会计核算原理》。

党的十一届三中全会以后，刘炳炎坚决拥护党的改革开放政策。他不顾古稀之高龄，继续关心着会计改革。1980 年他在《上海会计》上发表了《论会计属性》《谈记帐方法》等论文。为了弥补“文化大革命”给会计教育造成的损失，使中国会计事业迅速跟上国际步伐，他燃烛继晷，赶译出美国会计教材《会计的基本方法·基本知识·基本理论》一书。该书印数达三万册，解决了当时各高校会计学教材奇缺的问题①。

80 年代后期，刘炳炎集其一生从事会计学研究与教学之心得，著成《现代会计学要义》一书。这部著作对会计基本理论、会计方法皆有涉猎。郭道扬教授指出：“该书对已有理论的深化认识，对于新理论问题的总结与提高，以及自我见解的阐发，都本着实事求是的精神，既力求客观、准确，而又力求推陈出新。”该书对我国当前的企业会计改革，具有重要的参考价值②。

刘炳炎从事会计专业教育五十余年，桃李满天下，为我国会计教育和会计事业的发展作出了突出的贡献。他少年时代家境贫寒，大学毕业时不仅放弃了去日本公费留学的机会，也未去政府机关任要职，而是选择了有益于人民的教育事业。在教学上，他年届 80 岁高龄时依然保持当年的热情，要求学生必须具有独立思考、解决实际问题的能力，反对那些进得去、出不来的钻牛角尖式的书呆子学习方法。其言传身教，时常教育学生做财务工作不能没有人格，不能做对不起人民的事。

刘炳炎还是一位篆刻爱好者，业余时间从事篆刻创作。他是我国著名画家傅抱石先生的大学同学，两人常在一起切磋金石艺术。

---

① 张杰明：《 著名会计学家、会计教育家刘炳炎》，《财会月刊》1992 年第 7 期。
② 张杰明：《 著名会计学家、会计教育家刘炳炎》，《财会月刊》1992 年第 7 期。

1990 年 1 月 10 日，刘炳炎安然辞世。他一生不计名利，洁身自好，始终过着清苦淡泊的生活。他为会计教育奉献了自己的一生，是一位人民的会计教育家。

（三）薛祀光

薛祀光（1900—1987），浙江瑞安人，法学家，湖北大学法律系三级教授。

薛祀光治学严谨，学识渊博，专长国际法和民法，在教育界、法律界享有盛誉。解放前，为教育部部聘教授。当时“部聘教授”是各学科全国公认最有权威的教授，是最高的荣誉职称。历任国立中山大学、同济大学教授兼法学院院长，厦门大学法律系教授、副教务长、教学委员会主任，武汉大学法律系教授。

薛祀光自小聪颖好学，1912 年以优异成绩考入浙江第十中学（今温州中学），与同学郑振铎、夏承焘等为该校一时之秀。1921 年夏，与周予同、李笠等人在家乡组织知行社，以“研究地方情况，尽瘁公益事业，以图社会之进步”为宗旨，创办平民阅报社及平民学校，积极宣传先进思想，普及教育。而后公费考入日本九州帝国大学，并于 1928 年获得法律博士学位[①]。

回国后，薛祀光受聘为中山大学法律系教授。1931 年 9 月中山大学法科改称法学院，薛祀光荣任首任院长。由于他在中山大学教授中有很高的威望，故被推选为教授会会长。“淞沪战役”之后，薛祀光等 24 名教授及部门负责人发起了募捐援沪活动。抗日战争胜利后，薛祀光被聘为国际法庭法律顾问，在审判日本战犯中作出了重要贡献。

---

① 姜嘉镳：《募捐声援抗战的薛祀光》，《温州日报》2015 年 11 月 22 日。

1932年1月28日，爆发了震惊中外的“淞沪抗战”，国民党十九路军忠勇御敌，苦战33天，激战100多次，迫使日军三易主帅，损兵一万多。消息传来，广州中山大学学生义愤填膺，立即掀起争取北上抗日运动。时任中山大学法学院院长的薛祀光教授坚决支持学生的爱国举动，反对校方肆意开除学生，并参加“九一八”事变后成立的“中大反日会”，发表宣言，要求政府立即增援十九路军。①

1946年5月23日，广州审判战犯军事法庭主任检察长对日本战犯田中久一提起诉讼，由审判长、军法审判官以及另四位军法审判官组成合议庭，并指定精通国际法的薛祀光为辩护律师出庭辩护。该法庭对战犯的审判，是按国际公法、国际惯例、海陆空军刑法、特别刑法、刑法等法案决定是否起诉，起诉的案件依法审理，作出判决及执行。田中久一虽然是恶贯满盈的战败国战犯，我国还是依照国际司法惯例给予公正审判，最后执行死刑。

1947年，中山大学学生参与“反饥饿，反内战”运动，当局逮捕了28名地下共产党员和师生。薛祀光运用其法律界的声望和中山大学教授会会长的名义，迫使当局释放进步人士，为此被列入黑名单。于是，薛祀光离开中山大学，被上海暨南大学聘为法律系教授。翌年转聘为同济大学法学院教授，同年9月出任法学院代理院长，12月正式担任院长。此后，他继续积极支持学生运动和民主运动，多次营救被迫害的师生，受到我党和人民高度的评价②。

新中国成立后，1951年薛祀光调任厦门大学法律系教授，次年兼任厦大副教务长、教学委员会主任等职。1953年7月，全国高校院系调整，厦门大学法律系停办，薛祀光调入武汉大学法律系任教。

1958年，武汉大学法律系、中南政法学院、中南财经学院及中南政法干校合并建成湖北大学，薛祀光调入湖北大学，任法律系教授。

---

① 姜嘉镳：《募捐声援抗战的薛祀光》，《温州日报》2015年11月22日。

② 马锡鉴：《薛祀光传略》，《温州师范学院学报（哲学社会科学版）》，1998年第5期。

薛祀光应时代要求，大胆进行教学改革，成果显著，曾发表《法律教材问题》一文，在法律系引起广泛反响。在民法学课程讲授中，注重基础理论，学习批判地继承旧法学，深得师生的爱戴。他在民法债权方面研究深入，颇有造诣，因此当时被国内同仁尊称为“薛老债”。他毕生致力于法律研究和实践，著有《民法债编各论》《债编各论》《法律丛书》《管子六法》《民法概论》，多部著作被日本馆藏，在台湾出版并被馆藏。

三、逸事集萃

（一）筹建高水平综合大学

1958年7月30日，湖北大学筹建座谈会在江西庐山召开。中南财经学院党委书记朱明远、副书记金畅如，中南政法学院院长李光斗、副院长林山参加了会议，会议由湖北省高教厅厅长薄怀奇主持，座谈过程中武汉大学党委书记刘仰峤曾到场交换了意见。

经过座谈，大家对于建立湖北大学的若干重要问题，取得了一致的意见，概括起来为四个方面：

一是整合全省财经政法学科力量建立湖北大学。为了适应工农业生产“大跃进”的形势，贯彻执行教育为政治服务，教育与劳动结合的方针，多快好省地培养社会主义建设的骨干，特将中南财经学院、中南政法学院、中南政法干部学校和武汉大学法律系（是否也包括武大的经济系由省委考虑决定）加以合并组成湖北大学。这样使干部师资力量集中，相同和相近专业也可以密切协作，有利于不断提高教学质量。

二是湖北大学定位为偏重文科的综合性大学。湖北大学定位为综合性大学，与武汉大学在培养干部方面可以有所侧重，并作适当的分工：湖北大学以文科为主，并有若干理科专业，武汉大学则以理科为主，并有若干文科专业。湖北大学的基本任务是为湖北（某些专业为华中协作区）培养高等中等学校政治理论课、理科方面的师资；为经济、政法等有关部门培养工作干部，提供工作助手。

三是专业系科设置拓展政治历史和数理化。湖北大学在专业设置上，除现有的中南财经学院的5个系、中南政法学院法律系和武汉大学法律系合并的法律系外，再新建2个系：政治系、数学系。争取在1959年增设物理系、化学系和历史系，以后再视国家需要，酌情增设其他系或专业。

四是关于建校的时间：下学期即行合并①。

座谈会召开后，成立了湖北大学筹备委员会。筹委会于1958年8月31日形成了关于筹建湖北大学的草案，对湖北大学的任务，党组织和行政组织的建构，学校的科系设置，人事安排，校舍安排和合校的步骤都作了具体部署。

1958年9月30日，湖北大学在原中南财经学院和中南政法学院的校址正式成立。学校召开了“庆祝国庆九周年和湖北大学成立大会”，校长孟夫唐、党委书记朱劭天在成立典礼上发表讲话。10月1日出版的校报《湖北大学》创刊号，刊载了标题为《为办好共产主义的湖北大学而努力》的新闻报道，以及庆祝国庆

孟夫唐校长在成立大会上讲话

① 引自《关于建立湖北大学问题的座谈会纪要》，藏于中南财经政法大学档案馆。

九周年的社论。两校的合并，使广大师生热情高涨，干劲十足，大家对新学校的明天充满了希望。

（二）周总理视察引轰动

1967年10月，周恩来总理陪同阿尔巴尼亚总理谢胡及其所率党政代表团来武汉访问。为了正确引导高校、教育文化界对外交流等工作，10月9日，周恩来总理陪同阿尔巴尼亚党政代表团到湖北大学进行视察和文化交流，并在校西区露天舞台接见全校师生员工，在学校引起了轰动。

周恩来总理、谢胡总理和欢迎群众在一起

1967年10月9日下午，在汉口新华路体育场出席了有十万群众参加的欢迎大会之后，周总理陪同阿尔巴尼亚党政代表团到湖北大学视察。到达学校西区露天球场后，周总理很谦虚，他用手势表示请大家不要再鼓掌和欢呼。台下的人们也体会到总理的心意，就停止了欢呼。①

---

① 摘自毛磊：《周恩来总理视察我校回忆》，原文刊登于中南财经政法大学档案馆自办刊物《思园》2011年第2期。

周总理开始讲话时，他的声音嘶哑，几乎很难讲出话来。这是因为他在欢迎谢胡总理的大会上讲话时间太长，而且除了在大会上发言之余，他还要不停的与湖北武汉的各界、各阶层、各群众组织等多方人士沟通交流，因而声音嘶哑了。

周总理喝完水后开始讲话，他希望大家联合起来，搞好复课与闹革命的关系，不要搞分裂，要团结大多数。虽然他喝水后嗓子好了许多，但讲话还是有些困难，所以讲话不多。

会场再一次响起掌声与欢呼声时，周总理再次招手让大家平静下来。

他说："我指挥大家唱首歌如何？"

全场高呼："好！"

于是周总理打着拍子，指挥全场人员齐声高唱起来。

歌曲唱完后，周总理向大家挥手告别，全校师生员工再一次以高昂的欢呼声迎送周总理和阿尔巴尼亚党政代表团离开学校。整个过程大约半小时，但这个历程却永远载入了学校的历史中。

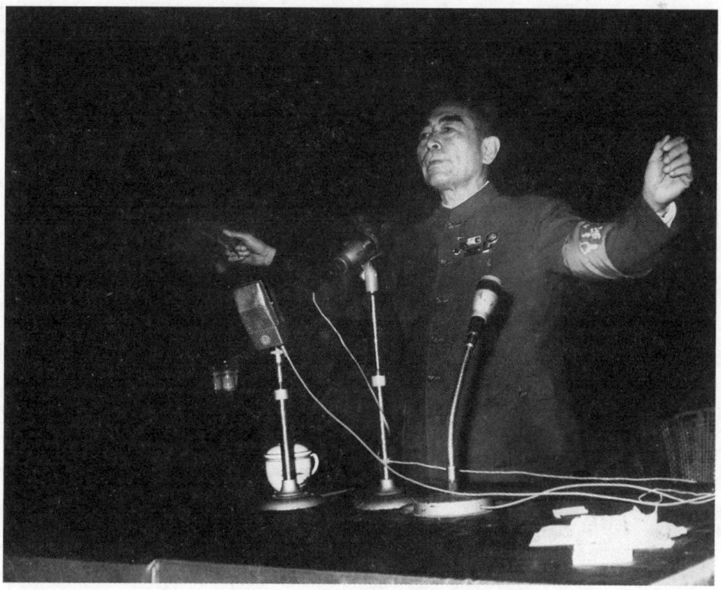

周恩来总理指挥大家唱歌

在“文革”那个特殊的时期，全国都陷入了混乱之中，周总理在百忙之中仍然抽出时间来学校视察，可见周总理对学校发展的关注与重视。

（三）全国首创基建财务与信用专业

湖北财经专科学校时期是学校办学历史上最艰难的时期，但学校始终不忘人才培养的责任与使命，利用一切机会开展学科建设。这个时期，学校创设基建财务与信用专业，开全国高校之先河，培养了大批优秀的投资管理人才。

在财专时期的第三年——1974 年，财政部重新恢复了中国人民建设银行，同时作为财政部基建财务司，一套人员，两块牌子。为了恢复中国人民建设银行会计制度，我校教师陈启中同志被借调到中国人民建设银行总行，帮助起草中国人民建设银行会计制度。建设银行恢复后急需培养建设银行专业人才，考虑到中南财经学院于 1954 年曾开设过长期信用专业，建设银行总行希望由当时的湖北财经专科学校创办基建财务与信用专业，划归建设银行总行和学校共同领导①。

在建设银行总行和学校的共同努力下，学校于当年向教育部申报设立“基建财务与信用”专业，获得批准。1975 年 9 月，学校招收了由财政部基建司推荐的 100 名第一届“基建财务与信用”专业学生。学校成立了专业建设筹备组，负责开展调查研究，拟定专业建设方案。为了支持学校“基建财务与信用”专业实验室的建设，建设银行总行拨给学校 100 万元经费。该专业招收的第一届学生在建设银行的发展历程中发挥了非常重要的作用。

1977 年恢复高考后，基建财务与信用专业学生改成本科统一招生，毕业后由建设银行统一分配。1981 年，经建设银行总行同意，学校招收了我国第一个基建财务与信用硕士研究生。根据建设银行总行和有关省建设银行的要求，1983 年后陆续在湖北、湖南、广西、四川招收基建财务与信用专业函授生，由各省建设银行选送在职干部参加学习。1984 年 9 月，根据建设银行总行的要求，设投

① 陈启中：《我校基建财务信用专业的建立和发展》，刘可风主编：《岁月如歌——中南财经政法大学校友回忆录》，湖北人民出版社 2008 年版，第 96—97 页。

资经济管理专修科，学生由建设银行总行选送，毕业后回原单位工作。1986 年根据建设银行总行和中国投资银行的要求，在投资经济管理专业设国际投资管理专门化，招收学生 30 人，毕业后由中国投资银行分配①。

建设银行总行为了领导和帮助开展基建财务与信用专业的建设，成立了教育处，并在中国投资学会下成立了学科建设委员会，在教学计划制订、教材编写、教学研究等方面给予了大力支持。

1983 年经财政部批准，基建财务与信用专业改为基本建设经济专业，从计财系分出，单独成立基本建设经济系。1984 年学科建设委员会根据拨乱反正的精神为投资正名，并将基本建设经济专业更名为投资经济专业。

1996 年，我校获批国内高校第一个投资经济博士点，张中华教授为该学位点首位博士生导师②。2000 年学科专业调整，撤销投资经济专业，并入国民经济管理专业，将投资经济作为专业方向。2003 年经教育部批准恢复投资经济专业，改名为投资学专业。

由于财政部和建设银行总行对学校创建我国第一个基建财务与信用专业的大力支持和指导，使基建财务与信用专业及后续投资学专业建设得到很大的发展，其人才培养和学科建设取得了巨大成就，在全国独树一帜。

（四）雪中送炭办培训

1972 年，湖北财经专科学校成立后，由于当时校舍、教材、师资均较缺乏，普通班教学困难甚大，而实际业务部门又迫切需要培训财经干部的情况，学校党委作出了深入社会实际部门，大办各种类型的财经干部短期训练班的决定。

在全校上下艰苦奋斗、共同努力中，仅 1972 年 2 月至 7 月半年时间内，为

① 陈启中：《我校基建财务信用专业的建立和发展》，刘可风主编：《岁月如歌——中南财经政法大学校友回忆录》，湖北人民出版社 2008 年版，第 96—97 页。

② 赵凌云主编：《中南财经政法大学学科学术发展史》，中国财政经济出版社 2003 年版，第 208 页。

湖北省有关财经部门和厂矿企业开办短训班9个，培训1319人。这些训练班时间短、费用省、见效快，紧密联系实际，针对性强，在当时财经教育和人才培养中断多年的情况下，确实起了沙漠引泉、雪里送炭的作用。截至1976年粉碎“四人帮”以前，共举办各种短期培训班200多期，培训人员达2万多人。

短训班的开办受到了财经主管部门和广大财经职工一致的热烈欢迎，引起了强烈的社会反响，各方面闻讯前来要求办班的部门和企业络绎不绝。从地区上看，既包括湖北、湖南、河南、广东、广西等学校历来都有影响的中南各省区，也包括河北、辽宁等学校以前从未涉足的地区。从行业上看，既有农业、工业、商业，也有计划、统计、银行，还有理论教育、国防军工。从层次上看，既有地县以至区乡基层，也有中央各部委。地区之广，规模之大，影响之远，在学校历史上极一时之盛。

1997年，时任国务院副总理的李岚清同志在回复学校工业经济系李贤沛教授的信中，回忆了20多年前他亲自主持二汽与学校协作举办企业管理培训班的活动，并给予了充分肯定和赞赏。信中说，“你的信使我又回忆起25年前为了支持‘二汽’的建设，你们与‘二汽’合作办学，培养了一大批工厂急需的管理人才，对我们那时的合作办学所起的历史作用我一直铭记在心，并在多次场合中提及。”

1974年在河南郑州开办会计人员训练班合影

第四章　春风又绿蛇山麓

——湖北财经学院时期

(1978—1985年)

一、历史撷英

1976年“文化大革命”阴霾散去，春风又绿蛇山麓。1978年学校由湖北财经专科学校更名为湖北财经学院，回归正轨的学校广大师生抓住改革开放的历史机遇，以“只争朝夕，不负韶华”的劲头，真抓实干、奋勇争先，在科学研究、人才培养等方面取得了显著成就，为学校后续发展奠定了坚实的基础，塑造了优良的校风学风。

（一）神州迎春财院立

1976年10月，“文化大革命”结束，神州大地喜迎春天。1977年8月，我校前身——中原大学的主要创建者和奠基人之一的邓小平同志在全国科技和教育工作座谈会上发表重要讲话，深刻批判了“文革”期间否定科学教育、打击迫害知识分子的错误路线，指出教育和知识分子对现代化建设具有极为重要的意义。

> 邓小平复出后即自告奋勇分管科教方面的工作，并表示愿意给科教界当“总后勤部长”。他在几次谈话和讲话中严肃批评了1971年《全国教育工作会议纪要》所作的“两个估计”：“文化大革命”前十七年教育战线是资产阶级专了无产阶级的政；知识分子的大多数世界观基本上是资产阶级的，是资产阶级知识分子。他鲜明地指出：全国教育战线十七年工作“主导方面是红线”，并特别指出“绝大多数教职员工热爱党热爱社会主义，勤勤恳恳地为社会主义教育事业服务，为民族、为国家、为无产阶级立下了很大功劳”。①

① 郝侠君：《小平同志和我校的创建发展》，刘可风主编：《岁月如歌——中南财经政法大学校友回忆录》，湖北人民出版社2008年版，第4页。

小平同志的讲话，让全校师生备受鼓舞，重新焕发了工作热情。1977 年 8 月，湖北财经专科学校临时党委向湖北省和教育部提交报告要求恢复湖北大学，并提出了若干亟待解决相关问题的意见。1977 年 10 月，学校又向湖北省提交专门报告，要求更名为湖北财经学院。1978 年 1 月 26 日，湖北省下发文件同意湖北财经专科学校更名为湖北财经学院。自此，学校发展史上最困难的湖北财经专科学校成为历史，学校乘着改革开放的春风迎来了新的发展时期。

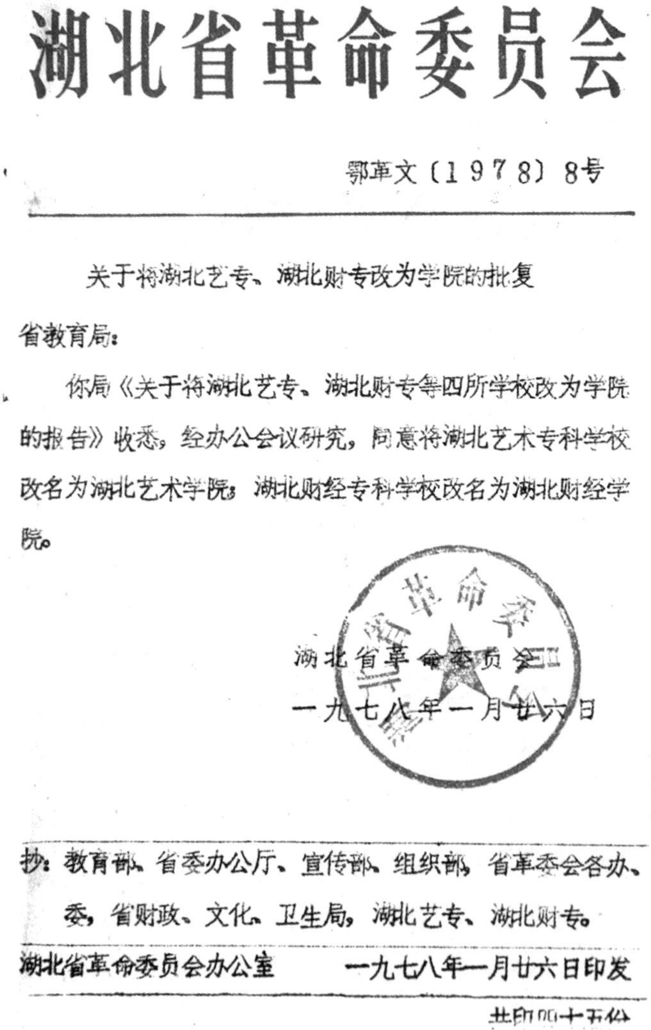

湖北省革命委员会

鄂革文〔1978〕8号

关于将湖北艺专、湖北财专改为学院的批复

省教育局：

你局《关于将湖北艺专、湖北财专等四所学校改为学院的报告》收悉，经办公会议研究，同意将湖北艺术专科学校改名为湖北艺术学院，湖北财经专科学校改名为湖北财经学院。

湖北省革命委员会

一九七八年一月廿六日

抄：教育部、省委办公厅、宣传部、组织部，省革委会各办、委，省财政、文化、卫生局，湖北艺专、湖北财专。

湖北省革命委员会办公室　　一九七八年一月廿六日印发

共印四十五份

湖北财经专科学校更名为湖北财经学院的批复

1979年1月8日，经国务院批准，教育部下达教计〔1979〕006号文件，明确："同意湖北财经学院由财政部和湖北省双重领导，以财政部为主。领导体制变更后，招生主要面向大区兼全国，发展规模为3000人，其中专业对口的学生人数是总规模的50％。"同年12月26日，财政部与湖北省正式办理了交接手续。至此，学校自1958年被下放湖北省后又重新回到了"国家队"的怀抱。重回"国家队"，在学校发展史上具有十分重要的意义，为日后学校各项事业取得长足进展奠定了坚实基础。

湖北财经学院时期，财政部高度重视学校建设发展，在校舍建设、学科专业设置、研究生教育、函授培训以及后勤等方面给予了大力支持，比如为解决学校校舍问题，财政部即拨给学校基建费400万元。此外，教育部和湖北省也对学校建设发展给予了高度重视，1983年与我校洪德铭院长具有深厚革命情谊的教育部部长何东昌来校视察，并题词"祝湖北财经学院在现代化建设中发挥更大作用"。同年，湖北省委书记沈因洛来校视察，肯定学校取得的成绩，并当场决定拨付珍贵的1万美元外汇用于支持学校函授电化教学工作。

教育部部长何东昌、副部长彭佩云来校视察

（二）人勤春早争朝夕

1978 年 12 月，党的十一届三中全会重新确立了解放思想、实事求是的思想路线，经济建设成为党和国家的中心工作，教育、科学和文化事业重新受到重视，高等财经教育事业迎来了发展的大好机遇。阴霾散去，春风拂面，学校迎来了各项事业重回正轨与恢复拓展的重要历史时期。

1979 年 9 月，湖北财经学院党委召开 1979 年至 1980 年度第一次党委扩大会议，学校党委书记邓周立代表党委作了题为《迅速把学院工作的着重点转移到教学和科研上来》的报告，正式把实现工作重心和战略重点的转移提上了议事日程。1980 年 8 月，邓周立书记和洪德铭副院长在临时党委扩大会议上进一步提出学校在 80 年代的发展战略目标是“建成一个在国内具有先进水平的财经学院，培养出高质量的适应四化建设需要的财经管理人才”①，这标志着学校工作中心正式转轨到教学和科研上。

湖北财经学院第一次党代会

① 刘可风主编：《中南财经政法大学校史》，湖北人民出版社 2008 年版。

与此同时，随着政治上、思想上和理论上的正本清源、拨乱反正，一大批教学、科研骨干力量获得了第二次解放。全校干部教师积极性得到极大调动，纷纷以“人勤春早争朝夕”的状态投身于学校各项工作中，有力推动了学校各项事业的稳步恢复与发展。

在学科专业建设方面。学校采取的有针对性的重点布局、合并整合、鼓励发展新学科等措施有效推动了学科建设的恢复与拓展，初步建立了涵盖经、法、文、理、哲、管等协同发展的学科专业体系①。在学科建设方面，1978 年起学校获批恢复招收研究生，到 1982 年底学校已有政治经济学、统计学等 14 个专业获得了硕士学位授予权，授权点的数量及招生人数在部属院校中名列前茅；在专业建设方面，学校根据学科的传统优势和经济改革发展需要，本着加强新老专业之间、文理科专业之间相互沟通和相互促进的原则，对本科专业进行了调整、合并和拓展。恢复了“文革”期间停办的专业，新增了商品养护、经济信息、经济法、财政税收专门化等专业。随着学科专业建设的加强，学校每年招生任务大幅

湖北财经学院工业经济系七八级研究生班毕业合影

① 栾永玉、杨灿明主编：《中南财经政法大学学科学术发展史（1948～2018）》上卷，经济科学出版社 2018 年版，第 91 页。

递增，1983 年招生人数几乎是 1977 年的 3 倍。

在师资队伍建设方面。建院初期，学校教师、干部奇缺，部分在职教师教学、科研水平不能适应教育事业发展需要。为此，学校采取多种措施补充教师队伍，并着力提高教师素质：一是从外单位调回调入骨干教师，如财政学科的梁尚敏、民商法学科的罗玉珍、经济史学科的赵德馨等；二是选拔优秀毕业生留校，如吴汉东、刘可风等；三是从校外引进优秀毕业生；四是培养学科带头人和学术梯队，例如通过减免一般教学任务、开展专题研究等方法，予以重点培养和提高；五是采取多种形式提高教师业务水平，例如通过校内培训、外出进修以及“老带新”等途径提高教师的教研水平；六是提高教师住房、福利待遇等水平。上述措施有效缓解了师资不足困境，改善了师资队伍结构，学校基本形成了一支能胜任教学、结构合理的师资队伍。学校师资队伍建设的进展为学校学科的成长壮大、学术研究的活跃与繁荣准备了良好的基础条件。

在课程建设方面。1980 年，学校根据教育部颁布的各专业教学方案，对财政学等专业课程设置按学分制和学时制制定了两套标准规范的课程体系。1982 年至 1984 年，学校又对会计、统计、商业经济、财政 4 个专业试行学分制试点，学生除必修课外可以选修部分课程，此举打破了中国高等财经院校几十年按照一个模式培养人才的老框框，克服了教学管理制度上一直存在的“一刀切”状况，极大调动了学生学习积极性、主动性。1981 年至 1982 年，学校还推动教学内容的充实、更新工作，先后开设新课程、选修课 40 多门，政治课、基础课、专业基础课和实践环节都有所加强。值得一提的是，1979 年彭星闾教授率先开设了市场营销课程，走在了全国同类院校前列。

在教材建设方面。学院成立之初，学校许多课程没有教材，“文革”中幸免于难的教材也多残缺不全、弊端丛生。随着学校专业的改造、恢复、拓展以及招生规模的扩大，教材建设问题更为紧迫。1979 年起，学校结合工作实际，坚持自力更生的原则着力解决教材质量与配套问题，经过 1979 年至 1982 年和 1982 年至 1985 年两轮教材建设，学校共编写教材 788 种，还编写了各种教学大纲、习题集以及翻译国外教材、参考书，仅校内自编自印教材和教学资料即达 70 多万册。学校编写、发行的教材不但满足了本校的教学需要，还有力支持了全国各地的财经教育，来自兄弟院校和业务部门的上门求书者络绎不绝。

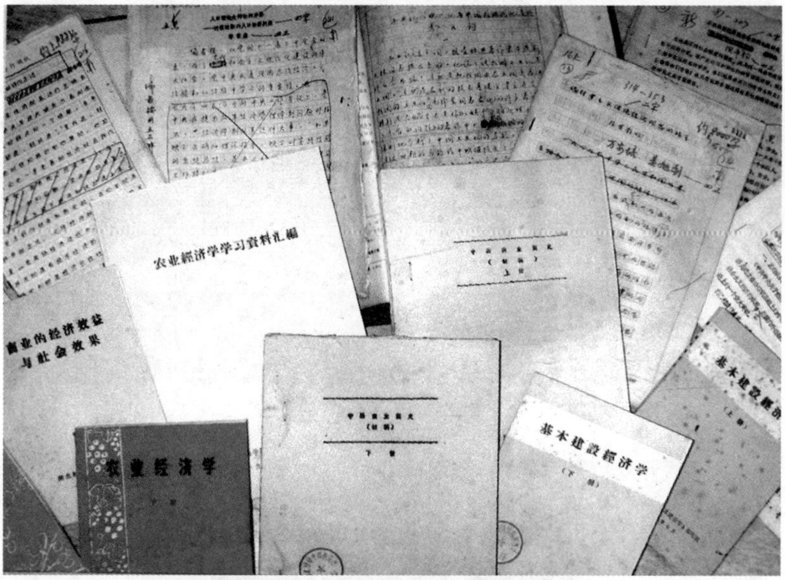

湖北财经学院时期教师的教学讲义、科研手稿

在人才培养方面。当时全校教师认真教书、潜心育人，学生亦励志勤学，因此学校人才培养质量较高，学生多次获得重要奖项，广受社会好评。例如，1984 年 7 月财政部人事教育司组织部属院校本科八三级会计专业政治经济学课程统一考试，学校获得团体第一名；1985 年 2 月财金系组织师生深入实际部门调查研究，撰写的调查报告得到时任武汉市市长吴官正同志批示肯定。日后成为学术大家的吴汉东、王利明、黄进等人以及现任国家税务总局局长的王军、中国工商银行董事长的陈四清、中国建设银行董事长的田国立等人，均于此时期在学校求学。

此外，学校图书建设、科学研究、对外交流等事业也取得了长足发展。可以说，在短短的数年时间之内，学校彻底解决了更名初期缺教师、缺干部、缺教材、缺校舍、缺思想准备等突出问题，各项事业蒸蒸日上，特别值得一提的是培养了一大批知名校友、在学界形成了独树一帜的“中南学派”，这些成绩为此后学校跨入事业发展快车道奠定了坚实的基础。

学生在图书馆自习

（三）雨后春笋大作涌

“文革”时期，教育、科技、文化、卫生领域是重灾区，广大知识分子，包括教师、科技人员、文艺工作者和医生等，都不同程度地受到冲击，我校教师亦未能幸免，不少学者后悔从事社会科学教育，烧掉了许多相伴多年的业务书籍。

改革开放的春风拂面，学校教师备受鼓舞，纷纷怀着找回失去十年的朴素心态，本着解放思想、实事求是的精神，抓住大好形势，围绕专业改造与改革、学科恢复与拓展，探究解决新形势下的新矛盾、新问题，勇于涉足“雷区”，努力开创“新区”，在学术研究上特别是基础理论研究方面，推出了一批具有突破性的成果。

学校荆楚社科名家、著名学者郭道扬教授即是其中的典型。1978 年春，郭道扬教授接受商业部下达的“中国会计发展史”课题，同年 8 月完成了长达 9 万余字的《中国会计发展史》长篇论文，论文被全国首届商业会计学术讨论会称为“本次学术会议中的重要学术研究成果”。1982 年，郭道扬教授历时四年撰著的《中国会计史稿（上、下）》出版，这一著作被美国学者誉为“东方的第一部会计史著作”，潘序伦等著名会计大家认为其“填补了中国经济史学的空白”。1984年，郭道扬教授又撰写了我国第一部会计史教材《中国会计史纲》。

> 郭道扬教授关于中国会计史的研究具有划时代的里程碑意义，但他所付出的艰辛却鲜为人知。偶然涉足会计史研究的郭道扬教授，为了从5000多年中国文明史、2000多年零散会计工作的记录中修一部贯通古今的专史，埋头于图书馆，奋力拼搏于二十四史、十通、历史会典、会要等古籍的汪洋大海中。古代社会重农抑商，正史少有关于会计的记载，正史不传，郭道扬教授便求助于民间史学和考古成果。6年时间，郭道扬走访了50余家单位，查阅了1500册图书、300余种杂志，抄录了近20万字的史料，制作了2000余张史料索引卡片，请教了170余位各方面的专家，最终完成了长达82万字的会计史专著《中国会计史稿》，结束了中国会计长达2000年无专史的局面。①

在本时期，著名学者侯厚吉、张寄涛、谭寿清、朱信诚、马明元、谭佩玉、赵德馨、周秀鸾、刘继增、毛磊、袁继成、孟广镕、白宗福、梁尚敏、周骏、李贤沛、王文章、应谷声、丁涣春、侯洵直、郑庭佐、王献枢等人均有重要研究成果问世，许多论断为学界首创，具有较高的学术意义和现实意义。

> 1981年张寄涛教授撰写的《马克思的剩余劳动理论和社会主义剩余劳动的性质及其表现形式》一文发表后迅速被《新华文摘》《经济学文摘》转载，该文于1983年被收入为纪念马克思诞生100周年而编纂的《〈资本论〉与社会主义》一书中，1984年该文又获首届“孙冶方经济科学奖”，是全国财经高校中唯一、湖北省高校两篇获奖文章之一。

---

① 康均、李国运：《开拓者的足迹——记国际知名会计学家、博士生导师郭道扬教授》，《财会月刊》1995年第6期。

回溯过往，此时期我校学者的科学研究工作具有鲜明的特点。首先是根据国家需要来选择研究课题，课题多具有前瞻性和开拓性，具有鲜明的“厚德济世”特征。比如刘叔鹤教授经过多年的潜心研究，撰写出《中国统计史略》一书，填补了学术空白，该书也荣获中国统计学会颁发的优秀成果一等奖；张寄涛、胡逢吉、夏兴园、周彦文合作撰写的《中国社会主义商品经济概论》，为经济学教学工作提供了高质量的教材，该书也荣获湖北省哲学社会科学优秀成果二等奖和财政部优秀教材二等奖；张寄涛教授在80年代初即提出市场机制和计划机制共存于社会主义经济一切领域的观点，并预见性地提出要建立社会主义统一市场和以基础价格为轴心的多种价格并存的价格体制的改革设想，科学回答了当时火热的“姓资”和“姓社”问题的争论，从理论上为国家改革开放政策做了阐释①。

其次是对科学真理的执着追求、对学问实事求是的态度和对时间分分秒秒的珍惜。比如杜润生教授为了编制一套详细的统计学讲义用于教学，废寝忘食，日以继夜，晚上有时只睡三四个小时，第二天又为讲义中所需的数据深入生产第一线收集资料，无论是严寒还是酷暑他都没有停止过。侯厚吉教授做起学问来一丝不苟、极其严谨。有一次老伴临时外出，告诉在书房里工作的他，注意炉子上烧的开水，随口答应的他，一会儿清醒过来了，急忙问邻家的小孩，水开了是什么样子。1991年生命垂危之际，他在自挽联中留下了“回头应有憾，遗篇犹待后归朋”的遗嘱，将自己研究几十年的全部资料、手稿交给张家骧教授等人，希望他们继续完成货币理论的研究工作②。著名学者易庭源教授治学非常严谨，据会计学院汤湘希教授回忆：易庭源教授在书稿校对多遍准备印刷时，还打电话或者亲自到他家说：“书稿的第×页第×行有两个字，我想了一晚上，还得改!”过了一两天，易教授又来电话：“书稿交后，我一直在琢磨，书稿中第×页第×段第×行可能这样改更好。”③ 这就是学校前辈学者的治学态度。

① 刘可风主编：《中南财经政法大学校史》，湖北人民出版社2008年版，第196—197页。

② 牛皋兰：《阅览室里的学者前辈》，刘可风主编：《岁月如歌——中南财经政法大学校友回忆录》，湖北人民出版社2008年版，第190—191页。

③ 汤湘希：《回望·守望·展望》，《财务与会计》2019年第18期。

如雨后春笋般不断涌现的大作和前辈学人“砥砺德行，守望正义，崇尚创新，止于至善”的立身治学精神，使学校学术影响力逐渐显现，为学校“学术思想的丰富和学术流派的形成奠定了扎实的基础，创造了良好的起始条件”①，奠定了学校事业发展的重要基础，更为重要的是为学校留下了永续发展的宝贵精神财富。

二、名家采华

（一）谭寿清

谭寿清（1914—1998），湖南常德人，金融学家。曾任湖北财经学院副院长。

谭寿清，又名谭芳淑，1914年生于湖南常德津市。先后求学于湖南大学、美国威斯康星大学，1949年获经济学硕士学位。新中国成立后，谭寿清历任湖南大学经济系副教授、教授。1953年，因全国高校院系调整，谭寿清调入我校，是我校“文革”前拥有海外教育经历的50余人之一，后历任财经系教授、金融教研室主任、财经系副主任、主任。1979年起任湖北财经学院副院长。

谭寿清是我国著名金融学家。他较早即涉足金融研究领域，1943年和1947年先后出版了《第一次大战后世界经济史导论》（J. P. Day 著，商务印书馆出版）、《中央银行经营论》（R. G. Hawtrey 著，世界书局出版）两本译著。新中国成立后，谭寿清在长期的教学与研究生涯中，著述甚丰，尤以对货币理论研究造诣颇

① 栾永玉、杨灿明主编：《中南财经政法大学学科学术发展史（1948～2018）》上卷，经济科学出版社2018年版，第78页。

深，有“货币大王”的美誉，代表作有《经济学说史纲》《当代西方及其它经济理论思潮》《货币与黄金》《关于设立证券交易所》等专著和论文，其金融理论研究成果结构严谨、阐述精辟，对理论界已有成果作了完整概括，同时又有自己的创新，站在了同类研究的理论前沿，奠定了其作为人民币价值基础问题上两大流派中“黄金派”的主要代表人物之一的地位。

纸币的本质是什么？与金属货币的关系如何？始终是中国货币思想史上最重要的议题。大约从20世纪60年代到80年代中期，围绕纸币与黄金的关系问题，我国经济学界出现了长时间的争论，郭大力、薛暮桥、许涤新等许多著名马克思主义经济学家都参与其中。按照著名经济学家叶世昌教授的说法，这场争论的双方可称为“黄金派”和“非黄金派”，谭寿清属于“黄金派”主要的学者之一。

随着改革开放的不断深入和国内学术环境的变化，纸币与黄金关系的争论在20世纪80年代中期之后逐渐淡化。尽管从今天看来，“黄金派”和“非黄金派”的某些论点似乎都显得有些牵强，但谭寿清的某些观点在今天仍然有其独特的生命力，谭寿清始终都是中国货币思想史学术研究无法回避的关键人物。

谭寿清在学术上取得巨大成就，源于他治学严谨，刻苦钻研马列主义经典著作，认真探索金融领域的重大理论问题。在研究过程中，他做了大量的学术卡片，现在仍保存完好的学术卡片有近1万张。他写文章总是反复修改，有时文章送到印刷厂去了，只要他发现了问题，就到印刷厂去改。他很虚心，喜欢别人给他提意见。

谭寿清长期从事金融学理论研究，并长期担任我校金融学科负责人，为我校金融学科发展作出了重要贡献。1978年我校金融学科获批招收研究生，是当时全校仅有的两个招收研究生的专业（另一个为工业经济学科），谭寿清和周骏是当时金融学专业仅有的两位硕士研究生导师。在谭寿清、周骏等人努力下，我校金融学科培养了一大批人才，可谓桃李满天下。2019 年获评年度“中国金融学科终身成就奖”的邱兆祥教授曾回忆，其大学期间，正是受到时任副院长的谭寿清教授、讲授货币银行学的侯厚吉教授以及研究货币流通规律问题的周骏教授三位恩师的影响，才逐渐对经济学特别是金融学产生了浓厚的兴趣，并立志要以学习和研究金融学理论作为自己的终身职业。

谭寿清教授不仅在货币理论方面造诣颇深，而且注重理论联系实际，积极对金融部门的实际工作建言献策。早在 20 世纪 70 年代，他就曾与中国人民银行湖北省分行、武汉市分行及武汉市硚口区办事处的同志组织了学习理论协作小组，撰写了许多金融理论方面的文章，还编写了《马克思、恩格斯、列宁、斯大林、毛泽东关于货币与银行的部分论述》。这些工作对深化金融理论研究，促进理论部门与实际部门的相互学习、共同提高起到了积极的作用。作为湖北省金融学会的副会长，他还常常应邀为银行的同志介绍有关国内外金融理论问题。在湖北省金融界，谭寿清教授以其渊博的学识，谦虚的态度，热情的工作，得到了广泛的赞扬和尊重。

谭寿清教授注重理论联系实际，积极对金融部门的实际工作建言献策，最重要的体现是他较早即呼吁我国建立证券交易所。1984 年谭寿清教授在全国最早提出设立证券交易所的设想，他的许多观点如“不开放期货市场，并对差额交易（垫头交易）严格管起来”以及“在上海、天津、深圳先搞试点”等，为后来中国证券市场创建和证券交易所的设立，提供了重要的理论依据。1990 年深圳证券交易所和上海证券交易所先后创设，在某些方面也实践着谭寿清的设想。

谭寿清为人光明磊落、谦虚谨慎、顾全大局，在工作上精益求精、清正廉洁，深受师生的尊重和爱戴。他退休后，虽已年逾古稀，但仍抱病从事理论研究，充分展示了一个知识分子对事业、对理想执着的追求。

（二）刘叔鹤

刘叔鹤（1911—2004），北京人，统计学家，我国现代统计学教学和研究工作的早期开拓者之一。

刘叔鹤1911年生于北京，1931年毕业于北平大学女子文理学院经济系，同年赴法国巴黎大学统计学院留学。1935年底学成归国，先后在东北大学、兰州大学、西北大学、湖南大学等校任教，讲授统计学、商业统计学、人口统计学、经济统计学、数学、法语等课程。1953年，因全国高校院系调整，刘叔鹤教授调入我校任教。

刘叔鹤教授毕生从事统计学的教学和研究工作，是我国现代统计学教学和研究工作的早期开拓者之一。她博览中西，广涉古今，长期坚守教学科研一线，治学态度严谨，学术造诣高深，曾有多篇论文获奖，曾主编、合著《新中国统计史稿》《统计学原理》等著作，而《中国统计史略》则是她最重要的学术贡献。

1981年，已进入古稀之年的刘叔鹤，将研究重点转向了中国统计史。中国统计史源远流长，相关资料常散见于各类史书、专著中，但在当时尚无人系统研究并撰写相关专著。为填补这方面的空白，刘叔鹤全身心地投入到中国统计史的研究工作中。

研究中国统计史，首先要掌握大量的资料。为搜集资料，刘叔鹤埋首于故纸堆，从政治思想史、经济思想史及各个朝代的浩瀚书海中搜寻统计史资料的踪迹，这无异于大海捞针。在北京的图书馆查阅资料时，刘叔鹤常常是从早上开馆就开始工作，一直坚持到闭馆，中午从未休息过，饿了就以自带的干粮和着白开水充饥。无数次师友、同学、亲戚都劝她停下手中的工作，但她都不为所动。“写统计史是一种有开拓性的工作，前人没有涉足过。介绍我国的统计历史，让更多的人了解中国经济、会计和统计思想的过去，这将是很有意义的。”[①] 撰写

① 冬焰：《女统计学家刘叔鹤教授》，《统计与决策》1985年第1期。

《中国统计史略》的过程同样艰辛。为撰写此书，刘叔鹤每天坚持工作八小时以上，这对已经70多岁的她来说是体力和毅力上的极大考验。为吃透史书资料，刘叔鹤用放大镜一遍又一遍地在一本本残缺的古籍中搜寻可用的资料。"翻阅大量史书，建立众多的资料卡片，再按历史的线索分类整理后，便动手写稿"，初稿写好了，但有时又在其他史书中发现了新的线索，刘叔鹤只得重新组合、从头来写，一个小节的文稿有时就会改上数十遍。

十年磨一剑。1991年，饱蘸刘叔鹤心血的《中国统计史略》一书由湖北人民出版社出版。洋洋三十余万字的该书一经出版，即得到学术界高度重视和肯定，曾任国家统计局局长、中国统计学会会长的李成瑞认为此书"是（中国统计史）第一部系统的、完整的专著……取材立论认真严肃，并有不少独到的真知灼见……以丰富的史料对我国历代的统计思想、统计行政、统计法制、统计方法和统计的作用作了概括和阐述，从而为我国统计史的研究，为统计方面的'古为今用'作出了重要的贡献"①。后来，该书获得中国统计学会、国家统计局首届统计科学研究优秀成果专著奖。

刘叔鹤不仅是一位卓有成就的学者，更是一名有理想信念、有道德情操、有扎实学识、有仁爱之心的"四有"好老师。在从教的60多年时间里，她恪尽职守，坚持传道授业解惑，为国家培养了大批统计人才，桃李满天下。她关心热爱学生，在80年代，坚持每年捐资3000余元，帮助困难学生完成学业，是学校"爱心老教授"群体的典型代表之一。

刘叔鹤是湖北省老一代民主党派领导人，曾任民革第三、四、五、六届中央委员，民革第七、八届中央监察委员，民革湖北省委常委兼副主席，第三、五、六、七届全国人大代表，她长期以来与中国共产党真诚合作，积极参政议政，为共产党领导的多党合作和政治协商制度的建设，为爱国统一战线的巩固和发展作出了重要贡献。

作为一个从旧社会过来的经过长期风雨考验的爱国知识分子，刘叔鹤把自己

---

① 李成瑞：《刘叔鹤与她的〈中国统计史略〉》，《中南财经大学学报》1990年第6期。

与党和国家的命运紧紧联系在一起，把参加中国共产党作为毕生追求的目标和最终的归宿。她从50年代初期就开始向党组织提出入党申请，几十年如一日，对党忠心耿耿。由于统战事业的需要，刘叔鹤同志一直作为民主党派的领导人发挥着特殊的重要作用。经过近半个世纪的不懈追求，1998年6月，学校党委批准刘叔鹤加入中国共产党，87岁高龄的刘叔鹤终于实现了夙愿①。

（三）曾昭琼

曾昭琼（1912—2001），湖南临武人，刑法学家，曾任湖北省法学会名誉会长。

曾昭琼1912年生于湖南临武，1935年毕业于武汉大学法律系，获法学学士学位。1936年留学日本东北帝国大学，专攻刑法学。次年回国，先后任教于广西大学、私立朝阳学院、中山大学等高校。新中国成立后，曾昭琼继续在中山大学法律系任教，并任系主任、校务委员。1953年至1958年，曾昭琼任武汉大学法律系教授。1958年7月，湖北省决定将中南财经学院、中南政法学院、中南政法干校、武汉大学法律系合并组建湖北大学，曾昭琼由此调入我校工作直到荣休。

曾昭琼是我国较早获得法学学士学位和留学日本的学者之一，留学归国后，曾昭琼著书立说，在引进国外法学成果的基础上，着力构造中国的刑法学体系，其刑法学造诣在民国时期即已名满天下。

曾昭琼毕生专注于刑法学的教学与研究工作。曾讲授刑法学、刑事诉讼法学、苏维埃刑法分则等课程，著有《人格本位刑罚观》《刑法上的个人自由保障和社会防卫思想》《犯罪构成论》《犯罪学》等论文和著作，参加了《法学词典》《中国大百科全书·法学》等工具书的编写、审定工作。曾昭琼主要致力

① 胡江滨、周景明：《历经沧桑痴心不改 毕生追求夙愿成真——87岁高龄的刘叔鹤教授加入中国共产党》，《统计与决策》1998年第8期。

于研究具有中国特色的刑法学科体系，他认为，犯罪是对国家统治和社会秩序的严重侵犯，这也就是犯罪的本质、犯罪观的核心。无产阶级刑法学同资产阶级刑法学的根本对立，正是由于对犯罪本质的不同认识。刑事法律、刑法科学等基本问题的实质只有运用犯罪的社会危害性理论才能得到科学的说明。资产阶级刑法学的致命弱点，正在于它回避问题的实质，因此不可避免地走上法律形式主义的歧途，同资产阶级刑法学相反，我们牢牢地把握着犯罪的社会危害性这一本质属性来论述刑法科学中的基本问题。刑事诉讼和刑罚执行是实际运用犯罪的社会危害性理论用于具体事件的程序。刑事诉讼主要是为了查明具有犯罪的社会危害性的事实。刑罚的执行主要是为了消除罪犯的人身危险性①。这些学术观点对具有中国特色的刑法学科体系的构建和形成产生了积极影响。

曾昭琼对我校刑法学学科发展作出了巨大贡献。20 世纪 80 年代，我校法学学科综合实力强盛，声誉卓著，在“五院四系”② 政法名校中群雄相较，毫不见逊。仅以刑法学科为例，当时就有曾昭琼领衔的团队，包括江任天、曾宪信、朱继良、郑昌济、吴安清等教授及多位副教授、讲师，属于全国刑法实力最强大的“梦之队”。在曾昭琼的直接关心和指导下，学校 3 位学者写成并出版了国内最早、最具时代意义的《犯罪构成论》一书，该书是国内最早系统研究有中国特色犯罪构成理论的专门著作，迄今仍具有重要的学术意义。

于学生而言，曾昭琼是一位特立独行的老师。在当时，学生常谑称曾昭琼为“几个一先生”，因为他授课时不带讲义，只带“一支粉笔，一杯茶，一本法律汇编”。而这位“几个一先生”却培养出了多位学界大咖，比如法学家、法学教育家陈光中教授，长江学者、清华大学张明楷教授。正是在曾昭琼的建议下，张明楷也前往日本研修学习。曾经还有一个学生因爱情受挫十分痛苦，甚至向学校提出退学。曾昭琼爱惜人才挽留了这个学生，学生后来在曾昭琼的激励下苦学日语

---

① 王玉明主编：《中国法学家辞典》，中国劳动出版社 1991 年版，第 725—726 页。

② 中华人民共和国成立初期，由中央人民政府统一部署规划，在全国各大区建立了北京政法学院、华东政法学院、中南政法学院、西南政法学院、西北政法学院。此外在北京大学、中国人民大学、吉林大学、武汉大学等综合性大学设立和恢复了法律系，使中国的法学教育初具规模。

并考上刑法专业研究生，又前往德国完成博士学习，现在也成了著名的刑法学者。

三、逸事集萃

（一）湖北财院模式

“文革”结束后，学校迅速把工作重点转移到教学和科研上，为提高人才培养质量以适应经济改革发展需要，学校启动了专业教学改革。其中会计学学科在1983年出台、1986年经财政部批准实施的会计专业教学改革方案，被学界称为“湖北财院模式”（后也称“中南财大模式”）。

“文革”期间，除我校和辽宁财经学院（现东北财经大学）招收少量会计专业的工农兵学员外，其他各财经院校均被停办，会计教育处于停滞状态。十一届三中全会后，对内改革、对外开放的大局为会计教育事业的发展创造了良好的条件，我国高校会计教育呈现前所未有的兴旺景象。但这一阶段毕竟处于改革开放初期，整个会计教育体系（包括培养目标、专业设置、课程体系、教材建设和实践实训等各方面）还没有出现实质性的突破，基本上是照搬20世纪50年代苏联基于计划经济体制所形成的会计教育模式。

> 这种模式显然不能完全适应改革开放后新时期、新形势的要求。例如：专业主要是以部门和行业为线索设置的，行业会计制度成了组织教学活动的指挥棒。工业经济系设工业会计，物资经济专业下设物资会计专业。这种专业设置模式一方面使得会计专业的师资分散，缺乏必要的教学研讨和沟通，造成大量教学内容重复；另一方面，培养会计人员的“专才”特征明显，知识面过于狭窄，学生适应能力严重不足。

此外，当时高校会计教育教学还存在课程老旧、课程体系衔接不紧密、课程理论性不强、教材不成熟、缺乏通盘考虑、学时制学生机动选择余地较少等突出问题。

面对会计教育教学不能满足现代化建设需要的问题，1978 年以来，我国会计教育界就围绕着会计人才的培养目标进行过多次讨论。在中国会计学会 1980 年年会上，不少代表指出：“在新的历史时期，我们的经济管理工作在变革，我们的经济学科也要变革，否则就无法适应客观实际，会计学会应当组织力量研究这个问题。”80 年代初期，财政部委托我校和上海财经学院各制定一套会计本科教育改革方案。

杨时展教授（中）参加中国会计学会会计教育改革研讨会

我校在对照经济发展形势、国内外科学技术和教育发展形势，在对长期以来会计专业教学情况和毕业生质量进行认真调查研究和分析的基础上，指出我国会计专业教育培养目标不明确、教学制度和教学方法机械、课程体系不合理，是改革开放初期高校会计教育存在的主要问题，并针对问题，有的放矢地制定了会计专业教学改革方案。

由我校制定的《财务与会计专业学分制全程教学方案（试行草案）》明确：专业培养目标为培养德、智、体全面发展，适应我国社会主义现代化建设需要，面向各级财政部门、主管部门和企业，同时兼顾有关教学和科学研究方面的需要，完成会计师基本训练的财务与会计专门人才；学制一般为四年。实行学分制，其中必修课须修 101 学分，选修课须修 37 分（其中任意选修不得超过 10 学分）；要求学生参加生产劳动、社会调查和工作实习，规定学生须参加生产劳动（包括工农业劳动和公益劳动）时间共 4 周，社会调查和工作实习为 14 周；学生在教师指导下开展多种形式的科学研究活动，一、二年级学生主要结合课程写读书笔记、学习心得和短篇专业论文，三年级学生在第 6 学期集中 2 周时间写学年论文，四年级学生在第 8 学期集中 6 周时间写毕业论文；建立考核制度，考试采取百分制记分，60 分以上者获得课程学分，必修课或指定选修课两门不及格或在一学年中不及格课程学分总数达到该学年所学分数三分之一者编入下一年级；该方案以会计学原理、企业会计学、企业成本学、企业财务学和审计学作为专业核心课程，辅之以基础课、专业基础课、选修课和实践课等构成会计专业课程体系。①

由我校制定的会计专业教学改革方案因“明确培养目标，确定毕业生的面向和规格要求；改学时制为学分制，加强学生智力的开发和能力的培养；改革课程结构，充实更新课程内容；主干课程突出重点，适应经济管理需要，适应人才培养需要”，得到了财政部人事教育司和部属院校的充分肯定。1983 年 1 月 20 日，财政部在北京组织召开了会计学专业教学改革试点座谈会，集中讨论了我校和上海财经学院分别提出的两个教学改革方案，认为均有创新。1986 年该方案被财政部批准实施，该方案以其突出的先进性和实用性被全国多所高等院校采用，并被同行称为“湖北财院模式”，至今仍有许多会计学科点采用此教学方案②。

---

① 财政部教育司编：《教学改革方案汇编（上）》，1988 年编印，第 418—422 页。

② 栾永玉、杨灿明主编：《中南财经政法大学学科学术发展史（1948～2018）》上卷，经济科学出版社 2018 年版，第 911 页。

我校会计系也因循教学改革方案，积极吸收最新研究成果，扬弃陈旧的按行业建立学科且知识陈旧的内容，立足改革，勇于创新，培养了大批优秀会计人才。有会计学者认为我校会计专业教学改革方案对改革开放以来的现代会计教育起到了奠基作用，最终带动了全国的会计教育改革，在会计学科体系、课程设置体系以及教材建设方面都取得了重大突破。

（二）法学第一班

1978 年 3 月 7 日，湖北财经学院举行七七级新生开学典礼，在 296 名新生中有 50 名法律系新生，他们是“文革”后全国首批法律专业全日制本科生。由法律系七七级 50 名新生所组成的班级，日后被社会冠以“中国法学第一班”的雅名。

“法学第一班”带有“七七级现象”的典型特征。这个班里年龄参差不齐，最小的只有 17 岁，最大的 32 岁，当时年近 30 岁的吴汉东成为这个班的班长，也是同学们眼中的“老大哥”。这个班人虽不多，但来源却五花八门，有工人、农民、

法律系七七级毕业生合影留念

干部等，彼时都卸下各自原有身份，与法学结缘，开始了崭新而又传奇的人生。

> “法学第一班”的同学虽然顺利入学，但当时“文革”刚结束，国家尚处百废待兴之阶段，故而生活学习条件异常艰苦。宿舍是上下铺8人间，没有热水，每年只有两次可以领票去澡堂洗澡，其他时候即使是冬天也只能冲凉水。宿舍没有电扇，要想凉快只能早起去抢教室和图书馆电扇下面的位子。当时物质资源极度匮乏，王利明曾撰文回忆，当时每天都只能吃到一点点蔬菜，几个月见不着一点荤腥，不少同学为了节省生活费，很长时间不回家。尽管生活艰苦，但生活之困始终无碍“法学第一班”同学们高涨的学习热情，不少同学还从学校发的生活补贴中省钱去买书。

作为“文革”后的第一批大学生，“法学第一班”同学和同时代的许多大学生一样有着强烈的“学以致用、兼济天下”情怀。王利明撰文曾回忆：“作为‘文革’后的第一批大学生，每个人都感觉自己应当成为国民表率、社会栋梁，应当担当起对国家、对民族的重任。”① 因此，对“法学第一班”同学来说，“为中华之崛起而读书”并非假大空的口号，而是实实在在的想法，“心里装不下家国的人，腹中再多的学问，也终究是一篓子废纸，难成大器”是同学们的共识。那时候，无论是在课堂上，还是在宿舍里，“法学第一班”的同学都在关心国家大事，时常讨论国家大事，宿舍里没有订报纸就到公共橱窗栏里仔细阅读每天的《人民日报》《光明日报》，甚至自觉地就报纸上发表的文章展开讨论。

勤奋是“法学第一班”的鲜亮底色。对于“法学第一班”同学而言，当大学梦梦想成真的那一刻就更加清晰感觉到求知欲的强烈。因此，他们努力抓住一切机会给自己补课，用行动成为“勤奋”最好的代言人。同学们经常一大早就排队去图书馆占座，有的人甚至带着馒头和饼中午不出馆吃饭，食堂打饭、图书馆借书排队或者下课的空隙不少同学都要拿出笔记小本读上几遍或者看上几眼，晚上

① 王利明：《我的“七七级”：一个时代的记忆》，《光明日报》2017年6月9日，第14版。

熄灯后还有人打着手电筒在床上或路灯下看书，有时直到辅导员催促才上床睡觉。邵沙平教授曾说："'勤能补拙，天才出于勤奋'，这大概是我们最后都能有所成就的根本原因。"

尽管"法学第一班"的同学学习都很刻苦，但并不死板，不是苦行僧，而是多才多艺、全面发展。方世荣教授，上学时最为人称道的是写了首诗歌被人朗诵，并在全省大学生文艺汇演上得了二等奖第一名，受到了时任湖北省委书记陈丕显的接见，此外他还画画、拉小提琴，真可谓多才多艺。吴汉东教授，很热心各种文体活动，曾参加学校跨栏比赛获得全校第四名的成绩，和班上同学一起参加全校接力赛跑获得第二名。

如果说"勤奋"是"法学第一班"同学成长成才的立柱，那么湖北财经学院法律系则是他们成长成才的基石，潜移默化地培养出了同学们和法学这门学问最初的默契。尽管当时法律系面临师资、教材短缺等问题，知识体系、课程体系都处于重建的起步阶段，但院、系也在尽可能地提高办学质量。例如为促进学生理论联系实际，法律系经常组织学生到政法部门、工厂、农村进行社会调查和工作实习。王利明教授曾提及各种社会实践（让他们）"了解基层火热的生活，由此对中国社会的民生百态有了切身的体会和了解。我们不光在所谓象牙塔的大学里恶补各种专业知识，吸收一切精神养分，还脚踏实地地深入社会这所大学，观察、调研、体悟、思考"①。

法律系教师为培养"法学第一班"同学付出了大量心血。当时，不少教师从农村、工厂、五七干校返回到学校，凭着对教育的那种原始而强烈的热爱，毫不吝啬、不计得失地把自己的时间花在学生身上。很多教师上课时无私地授业解惑，课后还主动到宿舍继续跟学生交流，常常坐下来一聊就是几个小时。学生也常于傍晚时分踱步到老师家串门，师生之间敞开心扉、无话不谈，不仅交流专业相关的知识

① 王利明：《我的"七七级"：一个时代的记忆》，《光明日报》2017年6月9日，第14版。

和见解，还分享对人生、对事业的思考和人生智慧、阅历。老师们对学生的关爱可谓是无微不至。王利明教授曾回忆民法课程的任课老师亲自上街买来一只活鸡为生病的他熬煮了一罐鸡汤，令他感动得几乎掉下眼泪①。正因为如此，不少同学回忆求学时光时都表示“选择法学和中南是我一生中最正确的决定”。

吴汉东教授曾撰文解释，“法学第一班”有两个含义：“一是1977年恢复高考，北京大学、吉林大学和我们学校的前身、当时湖北财经学院率先恢复招收“文革”后第一批法律系学生；二是这个班虽然只有50来人，但时至今日（2009年），群星闪耀，产生2名副部级领导干部，10余位厅局级领导干部，10多名法学教授。”其实“法学第一班”同学身上所体现的“学以致用、兼济天下”的情怀和对待学习的“惜时如金、孜孜不倦”精神，更让他们不负“中国法学第一班”的美誉。

（三）湖北财经函授学院

“文革”结束后，湖北财经学院在迅速恢复全日制教育的基础上，还根据国家教育方针积极恢复举办函授教育。据统计，1979年至1984年我校共有全日制本科毕业生2658人，函授毕业生2909人，学校以增加不多的人、财、物力，使一所财经学院办成了校内、校外两所大学②。至少从培养学生数量上而言，这所存在于校外的大学可称之为“湖北财经函授学院”。

在总结和借鉴“文革”期间知青函授大学的办学经验的基础上，学校于1978年恢复了中断13年之久的函授教育。在新时期，学校函授教育立足现实、面向未来，实行“积极、量力、稳步发展”的办学方针，主动适应国民经济发展需要。在专业设置上，学校针对国家人才需求量大的专业，克服困难，尽量做到连续招生；对人才需求量相对较少的专业，实行几个专业轮流招生的制度。在此

① 《王利明忆高考：“七七级”是一个时代的记忆》，《法制日报》2017年6月7日第11版。

② 湖北财经学院函授干训处编：《湖北财经学院函授教育三十年》，1985年印刷，第6页。

第五次函授站工作会议合影

时期，学校函授教育开办了财政、工业会计、农业会计、商业会计、基建财务信用、工业企业管理、农业经济、商业经济、统计、金融等十个专业，均为当时社会紧缺人才之专业。尽管函授教育属成人教育的一种形式，但湖北财经学院时期的函授专业招生同样非常严格。

学校把严格招生作为办好函授教育，提高教学质量，为国家培养合格的经济管理人才的一个重要环节。学校专门制订了《湖北财经学院函授招生暂行实施办法》，就招生计划、招生对象和条件、报考手续、考试科目与命题范围、招生考试的组织工作、阅卷工作、录取工作作了明确和严格的规定。比如，在录取上规定“必须坚持报考人数与录取人数的比例不低于4∶1”；在命题范围上规定“按照现行普通高中课本的范围命题，试题深度要能反映出确实有高中文化程度”。

在培养方面，为确保函授生培养质量，学校参照全日制同类本科专业，在培养过程中坚持五个统一：一是培养目标培养规格的统一；二是各门课程的教学大纲和教学要求的统一；三是教材的深浅程度、质量水平和教学实践环节的规格要求的统一；四是各门课程的考核标准、要求的统一；五是各项教学管理的规章制度的统一。在坚持高标准培养要求的同时，学校也结合函授教育“成人、在职、业余、分散”的特点，在实际教学过程中采取课程设置适当精简、鼓励教师采取灵活多样的教学形式等举措推动函授教学工作正常开展。

尽管函授教学以自学为主，面授为辅，但为确保培养质量，学校函授教学授课教师在认真备课教学之外，还积极创新授课方式方法，以在有限的时间内将重点、难点和学习方法讲透彻。例如邓以新老师在授课过程中善于引导学生抓住重点、难点，批改作业时均留数百字“尾批”，被学生评为“我们良好的老师，有益的朋友”。不仅教师授课认真，函授生同样也认真对待学习，并受益匪浅。函授工业企业管理专修科82届毕业生张孟云曾回顾函授学习时光，认为函授学习帮她“打开了思路、扩大了视野。奠定了理论基础，提高了认识水平。学习了专业，增添了知识”。

学校积极发挥全日制高等学校举办函授教育的优越性，为国家培养了一大批懂专业知识、会管理的经济管理人才，最重要的是培养了一批中、青年业务骨干，极大地缓解了经济建设人才不足的矛盾，受到社会好评。

在80年代的武汉，家长送给孩子的第一辆车，几乎都是“大桥”牌童车。武汉童车厂生产的“大桥”牌童车，是当时畅销全国的优质产品，1984年曾荣获中国工艺美术百花奖银杯奖，而造就“大桥”牌童车辉煌的就是我校函授工业企业管理专业82届毕业生、武汉童车厂厂长周国章。

1982年周国章自我校毕业后由市工艺美术公司调入武汉童车厂任副厂长，1983年4月后任厂长。在童车厂，周国章运用函授所学的工业企业管理理论、会计学原理、工业企业财务成本分析等知识，开展了大刀阔斧的改革，主要包括：改革车间组织形式，以适应童车生产零部件多、批量大的特点；厂部直接领导生产管理，充分调动车间的积极性、主动性、创造性；大胆启用一批有胆略、有文化、有技术、有经验的明白人和实干家担任车间和科室的领导；制定全套的各项规章制度，实行经济责任制和干部职务津贴制；狠抓计划调度和财务管理，加强成本核算。尤为突出的是，周国章在童车厂内推广“绝对成本控制法”，将绝对成本额——材料、费用、工资，交给劳动者自己控制，极大地调动了工人生产积极性。当时童车厂出现了成本降低、产量增加、质量提高的大好形势，工厂经济效益显著提高。①

函授教育不仅为社会培养了大批人才，还促进了教师的成长。教师从事函授教学，可以帮助教师接触实际，了解新情况、新经验、新问题，使教师充实教学内容，提高教学质量，还为教师开展科学研究提高学术水平提供了条件。因此，毛恩培教授感慨地说：“函授生所在的业务部门与函授生本身就是我们最好的调查研究的对象，就是为我们提供实际材料和实际经验的先生。”

可以说，在湖北财经学院时期，学校全日制教育和函授教育是“比翼齐飞、双双发展”的。学校函授教育不仅产生了巨大的社会效益，还使学校“桃李满中南”，培养了无数函授校友深厚的“中南情结”。

（三）收回校舍

1970 年，学校前身——湖北大学师生由荆门漳河驻地撤回武汉原址，进入整编阶段，整编的结果是湖北大学撤销。1972 年 2 月 23 日，湖北省革委会决定湖北日报社、湖北省歌舞团、武汉邮政发行科等单位入驻学校校园校舍，学校大部分宿舍和教学大楼被占。此后，学校长期深受校舍不足问题的困扰。1973 年，学校全日制普通班招收的新生 315 人，因住房问题不能解决，延迟一个多月后才进校。1976 年，又因住房问题，学校将新生入学时间从 9 月推迟到 12 月。由于

① 《开拓型的年轻企业家》，湖北财经学院函授干训处编：《函授通讯》，1985 年第 1 期。

校园被几个单位分割，相互干扰，学校教学环境和教学秩序受到很大影响。

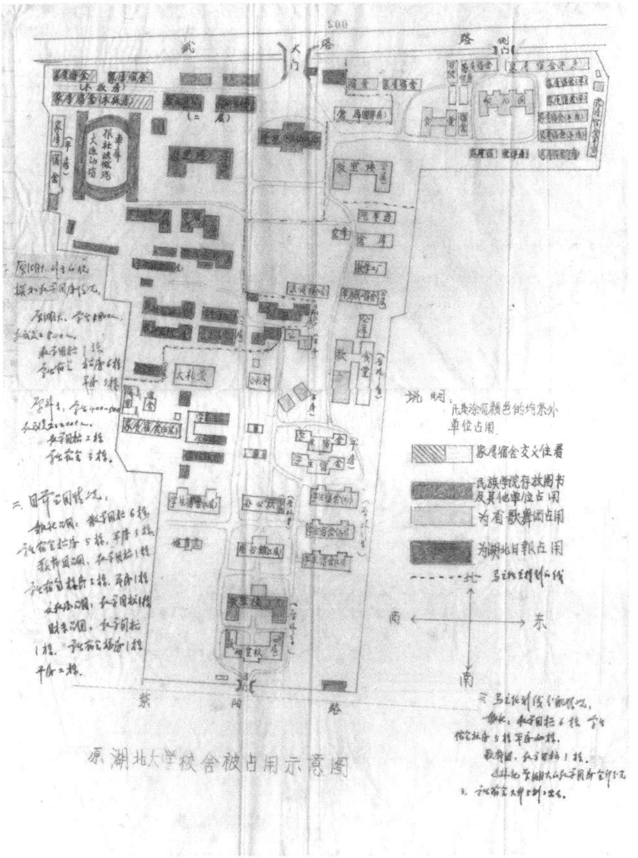

学校校舍被占示意图

“文革”结束后，湖北财经学院成立，学校面临更严重的校舍短缺问题，当时“新生住房八人一间，十分拥挤，夏天热起来，问题很大。学生吃饭，目前只有一个大食堂，每天开饭两千多人出出进进，拥挤不堪，站队买饭时间长，学生意见很大”[①]。因此，对于未收复的土地和校舍，学校、学生一直耿耿于怀[②]，在

① 《关于贯彻执行（80）236 号文件解决我院被占校舍问题的请示报告》，中南财经政法大学档案馆藏，档案号 1980-0000-062-002。

② 《怀念青春——湖北财经学院基建七八级同学纪念册》，中华经济文化出版社 2006 年版，第 19 页。

1978 级新生入学的联欢晚会上，1977 级学生们还表演了小品来讽刺侵占单位。

围绕校舍问题的纠纷也时有发生。1978 年 4 月 28 日，学生对侵占单位在校内封校门、断交通、加紧施工的做法极为不满，6 月 3 日该单位拟兴建新项目又激起师生强烈反对。其间，学校师生多次上书财政部和湖北省委要求上述单位归还校舍。

经学校多次反映、争取，1978 年 6 月 17 日，武汉市委书记王群向学校传达了校舍问题解决意见：省委决定湖北日报社在东湖另建新报社，三年内逐步退还占用校舍，并决定同意湖北财经学院实行双重领导，以中央财政部为主的机制。意见传达后半年，湖北日报社对退换校舍仍无动于衷，师生反响极大。为尽快解决矛盾，学院又多次向财政部、湖北省委报告情况。1978 年 12 月，财政部拨给学校基建费用 400 万元，实际用于湖北日报社搬迁，到 1981 年时问题仍未得到彻底解决①，陷入漫长的拉锯战。

校园一角

① 按照湖北省和财政部的交接协议，湖北日报社等外单位占用的校舍要从 1979 年至 1981 年三年内全部退还给财经学院。《关于对湖北财经学院交接工作的协议》，中南财经政法大学档案馆藏，档案号 1979-0000-035-013。

此后，随着学校在财政部、湖北省政府支持下筹备建设预定 1992 年 9 月开幕的全国第四届大学生运动会的主会场——校西区标准田径场工程的推进，学校被占据的房舍终于在 1991 年底全部收回。借着大运会契机，学校将校园整修一新，基本建成了完整、幽静的首义校区校园。

第五章　双星交辉耀中南

——中南财经大学、中南政法学院时期

(1984、1985—2000年)

一、历史撷英

1981 年，国务院决定在湖北财经学院法律系基础上恢复中南政法学院，新的中南政法学院于 1984 年正式复校。1985 年，湖北财经学院更名为中南财经大学。至此，学校步入中南财经大学和中南政法学院两校分立的时期。虽然各自成为独立的院校，但两校同根同源，共同继承了革命大学的光荣传统，财经人在历史悠久的黄鹤楼下攀登，政法人在风景秀丽的南湖畔求索，共同步入新世纪。

（一）新竹高于旧竹枝

更名促发展

1985 年，中共中央关于教育体制改革的决定指出“要加快财经、政法、管理类薄弱学科和专业的发展”。1985 年 9 月 17 日，财政部下发关于部属三所院校

中南财经大学更名庆祝大会

改变名称的批复，决定将湖北财经学院改名为中南财经大学。这一喜讯在全院激起一片欢腾。

1985 年 9 月 30 日，全校师生员工 4000 多人聚集在校体育场，隆重举行“庆祝国庆暨我院更名中南财经大学大会”。这是学校发展史的一个新的里程碑，标志着学校发展进入了新时期。

改革志争先

1985 年 11 月，学校派代表参加了财政部部属院校的第二批专业、学科教改座谈会，开始了深化教学质量改革的历程。1986 年，经国务院学位委员会批准，工业经济学、统计学、货币银行学和会计学四个专业获得博士学位授予权，李贤沛、李茂年、周骏、杨时展四位教授成为学校首批博士生导师。至此，学校形成了学士、硕士、博士三级人才培养体系。

在全社会改革开放的大背景下，学校推出了一系列具有探索性质的措施，成为教育改革的“排头兵”。1986 年学校全部本科专业由学时制改为学分制。1987 年开始实行本科生分流制度。1988 年在财政、税收、金融三个相关专业试行“按系招生、分类培养”的新方案，这一年还试行毕业生供需见面会制度，给学生更多择业自主权。

学校科研队伍也在内外兼修，不断壮大。学校除了承担国家、省、市社科基金课题外，亦关注国务院各部委以及湖北、浙江、江苏、武汉等省市实际部门和企业委托的软科学课题。学术的繁荣推动了学校科研队伍的壮大与成长。1987 年，学校 23 位教师和教育工作者获得全国、财政部和湖北省的表彰。1988 年由学校教师主编的教材获两项国家教委全国优秀教材奖，两项财政部优秀教材一等奖、六项二等奖。

在对外交流方面，学校积极和国外大学建立校际关系，在交流中求得眼界的开阔。从 1980 年至 1988 年，学校先后邀请美国、日本、西德、澳大利亚的外籍教师来校任教，另有 170 多人次的国外（境外）学者来校访问、考察和短期讲学，同时学校先后派出 160 余名师生赴美、英、法、加、比、苏等 10 多个国家（地区）进修或攻读学位。

中南财经大学与日本福岛大学签署两校学术交流协议书

1988 年 10 月 7 日，学校隆重庆祝建校 40 周年。在中央领导和财政部党组的关怀下，学校开展了一系列庆祝活动。3000 多名师生、各地校友代表和海内外来宾云集校园，隆重聚会。中央军委主席、中国改革开放的总设计师邓小平为学校题写“中南财经大学”校名以志祝贺，国家政协主席李先念为陈毅元帅半身铜像题字。

自 1992 年以来，本科生教育从适应社会主义市场经济的要求出发，不断创新。先后新增专业、进行专业更名，并于 1993 年在计划统计系推出第一个主辅修试点，在主修专业基础上辅修第二专业，培养复合应用型人才，两年后在全校本科生中试行双学士学位制度。1995 年成立外语系，1997 年成立新闻学系，并在全国高校中首设经济新闻专门化。直至 1999 年，本科教育涵盖了经济学、管理学、法学、哲学和文学五大门类。

在这期间，学校的人才培养结构日臻完善，形成了学士、硕士、博士、博士后研究人员的人才培养体系。1990 年以来，研究生教育发展迅猛。1993 年

学校 40 周年庆典大会主席台

6 月被批准为工商管理硕士 MBA 试点单位，次年获得招生权；1993 年 12 月新增硕士点企业管理、伦理学；1998 年，又新增人口资源与环境经济学、西方经济学、国际贸易学、民商法学硕士点。到 1999 年，学校硕士点达到 26 个。博士生培养方面，至 1990 年，学校先后获准有会计学、统计学、金融学、工业经济学、政治经济学、商业经济学共 6 个博士点。1993 年 12 月，国务院学位委员会审批下达学校新增财政学博士点。1996 年获准新增投资经济专业博士点、1998 年新增经济史博士点和应用经济学一级学科博士授予权。1995 年，国家人事部、全国博士点管委会批准确定在学校设立经济学博士后流动站，这是中南地区高校第一个也是唯一一个经济学博士后流动站。1998 年进站博士后两人完成科研任务出站。至此，学校完整的人才培养体系已经形成。

学校的科研成果也不断涌现。1993 年全校共申报湖北省社科“八五”重点课题 34 项，被批准列入资助项目 13 项。1994 年学校在申报国家自然科学基金资助项目上实现了零的突破。1995 年至 1998 年，学校共获全国高校人文社科研究优秀成果一等奖 1 项、二等奖 6 项、三等奖 5 项。在 1990 年到 1999 年间，学校共发表论文 8393 篇，出版专著 677 部、教材 769 部、译著 192 部、工具书

184本，开展课题研究256项，取得其他科研成果1102项。

1997年，财政部审定的部属院校首批17个重点学科中，学校会计学、财政学、金融学、政治经济学、贸易经济学、投资学6个学科榜上有名，位列部属院校首位。1998年，产业经济学、统计学、经济史、农业经济学4个学科成为湖北省重点学科。

自1996年以来，学校顺应高等教育和经济社会发展的趋势，对办学体制进行新的尝试。1996年1月24日，学校与华中师范大学、华中农业大学、武汉工业大学、同济医科大学、武汉汽车工业大学举行联合办学签字仪式，六校联合办学实现了武汉地区部分重点高校的强强联合。1996年9月19日，学校与武汉国有资产经营公司联合创建的中南财经大学工商管理学院正式挂牌成立，新成立的学院突破传统办学模式，实行董事会领导下的院长负责制。协议规定，中南财经大学以雄厚的师资、科研力量及部分校产作为办学投入，武汉国有资产经营公司则出资100万元用于学校建设。校企联办学院实现了实业界和高教界的联合，带来的是双赢的局面。

1996年10月8日，财政部和湖北省人民政府共建中南财经政法大学协议书签字仪式在汉举行，掀开了学校办学史上新的一页。

财政部与湖北省人民政府共建中南财经大学协议书签字仪式

（二）展以新颜待今朝

中南政法学院复建

党的十一届三中全会为政法院校的复办与发展带来了生机与活力。司法部遵照中央有关文件关于“过去撤销的政法院系和政法公安院校应尽快恢复起来”的指示，应中南地区民主法制建设之急需，积极着手恢复中南政法学院的工作。经过一段时间的酝酿协商，司法部于 1980 年 4 月 26 日致函中共湖北省委，并附恢复中南政法学院的报告（草稿）。湖北省委于 5 月 7 日复函表示完全同意，并指出：“在武汉恢复中南政法学院，地区适中，交通方便，又有湖北财经学院法律系作为基础，这是非常有利的条件。”

1981 年 10 月 8 日，中央“两高三部”（最高人民法院、最高人民检察院、公安部、民政部、司法部）联文向中央政法委员会和国务院提交《关于恢复中南政法学院的报告》。11 月 28 日，司法部与教育部联合发出《关于恢复中南政法学院的通知》，单设法律专业，面向中南地区招生，学制 4 年，在校学生最大规模为 4000 人，在武汉市选址重建。中南政法学院由司法部和湖北省人民政府双重领导，以司法部为主。

复校首先要确定校址。1982 年，省市相关部门与学院选点小组察看了武昌纸坊、王仙湾、郑家口、金口四个点。后来又提议凤凰山、豹子澥和茅店等三处。最后经过省市部门的反复考察与沟通，在喻家山、中南民族学院西北的关山大队、杨兴寺及中南民族学院南面的铁箕山几处中，确定在武昌南湖中南民族学院南侧建院，后来也成为合校后中南财经政法大学主校区东移到南湖校区的基础。

1983 年元月，筹建处以湖北财经学院法律系的法学专业教师为基础，从兄弟院校及实际工作部门调进人才。1983 年与 1984 年，两批应届毕业生由国家计划分配来学院。两批毕业生和湖北财经学院法律系的老师一道组成了学院教师的基本队伍。

1984 年 5 月，中建三局二公司的建筑施工队进入工地。6 月 23 日在建校工地上举行了中南政法学院建校工程开工典礼。各级领导及相关成员共 500 多人参加了开工典礼。12 月 8 日上午，中南政法学院在武昌武汉空军司令部礼堂举行重新成立大会。原中南政法学院、原湖北大学法律系、湖北财经学院法律系在汉的各届校友欢聚一堂，与学院全体师生员工共庆学院的新生。

学院恢复建校开工典礼

1985 年 5 月，学院迁至新址，同年秋，以重建的中南政法学院的名义在中南五省（区）正式招收学生 417 名。

更上一层楼

在改革开放的时代背景下，乘着法制建设的东风，学校在一片荒芜的黄土地上建成了一所现代化的政法高等学府。

为培养应用型复合型高级法律人才，学院不仅聘请在司法实际工作中有突出贡献的从业者为学院客座教授或兼职教授，还利用假期组队赴各地开展法律咨询和假期实践活动。从恢复建校起十年内，教职工公开出版专著、教材 192 部，在国家级刊物发表学术论文 132 篇，承担国家级、部省级科研课题 24 项，取得科研成果 1632 项，其中 50 多项科研成果获得国家级和省部级奖励。

作为中原大学的血脉，到 1994 年 8 月，中南政法学院复校整整 10 周年。为了给校庆活动提供必要的准备时间，学校决定将庆典时间定在 1995 年 5 月。5 月 19 日上午 9 时，校庆庆典大会隆重举行。千余人欢聚一堂，共庆中南政法学院华诞。

校庆之后，学院在原来的基础上继续科学规划，多方筹措资金，加强校园硬件建设。在图书资料方面，至 1999 年底，学院已拥有图书 63 万册。在基础设施方面，学院在学生宿舍、教工住宅楼、图书馆建设、运动设施方面投入大量资金，还规划了书院翠竹、清池通幽、松林曲径、柳堤晨读等校园十景。

学院景观鸟瞰图

与此同时，学院在教学、科研方面取得了长足的进步。1994 年经济法学被评为湖北省第一个法学重点学科，1996 年民法学被评为司法部首批重点学科，1998 年宪法与行政法学被评为司法部重点学科，1999 年被确定为湖北省重点学科，1998 年刑法学被评为湖北省重点学科。至 1998 年共有国际私法、行政法、刑法、民法 4 门课程被评为省级优秀课程。

1997 年 9 月 4 日，司法部与湖北省签订共建中南政法学院的协议。学院仍然为司法部直属院校，湖北省将把学院的建设和发展纳入省经济建设和社会发展规划中，在学校设立“湖北省政法干部培训中心”，司法部将继续大力支持中南政法学院的改革和发展。

司法部与湖北省人民政府签署共建中南政法学院协议

学院积极开展对外学术交流与合作，经过多年努力，分别与德国、英国、日本、美国、澳大利亚、阿根廷、西班牙、比利时、波兰、俄罗斯、新加坡以及中国香港、台湾、澳门等十多个国家和地区的法学界建立了广泛的学术交流关系。

美国司法代表团访问中南政法学院

二、名家采华

（一）李贤沛

李贤沛（1925—2006），浙江宁波人，经济学家，我校首批博士研究生导师。

李贤沛是我国著名的工业经济学家，是我国最早从事国有资产管理体制改革研究的学者之一，为我国经济发展尤其是国有企业改革作出了杰出的贡献，也是我校企业管理学科奠基人之一。

李贤沛一生价值观的起点源于小学的一次募捐。1931年抗日战争爆发，6岁的李贤沛和十几个同学在老师的组织下走上街头为东北义勇军募捐宣传。他们一路高唱爱国歌曲，不时站到板凳上声泪俱下地向父老乡亲讲述侵略者如何残害同胞，呼吁国人奋起抗日救国。周围行人受到感动，也和他们一起振臂高呼抗日口号。从那时起，立志救国图强的种子就这样埋在了李贤沛的心中。后来武汉沦陷，15 岁的李贤沛随家人从宜昌逃难到四川万县，亲身经历了日机的轰炸和杀戮，目睹了成排房屋变成废墟，街头滚滚浓烟，路边横尸遍野……这段动荡不安的岁月让李贤沛见识到了侵略者的凶狠残暴与亡国灭种的危机。与此同时，国内外无数仁人志士救亡图存的不屈抗争，尤其是鲁迅先生的进步思想更深深震撼着李贤沛，挽救民族危亡、振兴中华，很自然地成了他心中最神圣的信念。于是李贤沛拒绝了家人希望他从商的想法，毅然决然地投身到革命事业中去。

1944 年 9 月，李贤沛考取了武汉大学法律系。热爱阅读的李贤沛在书里接触到了唯物论、辩证法等概念。书中讲到一块招牌也要看它的两面，才能防止片面性，这是他接触马克思主义的开始。那时的李贤沛在时代的暴风雨中，对国民党的反动统治极度失望，面对多种“主义”，坚定地跟着中国共产党走向前路。1946 年 7 月，21 岁的李贤沛加入了中国共产党在武汉大学的秘密外围组织，从此决定了人生的道路，做一名真正的马克思主义者①。

1949 年 6 月李贤沛从武汉大学法律系毕业，分配到中原大学财经教研室，从此投身到新中国的高等财经教育事业中。1950 年 10 月，他被送到中国人民大学深造，成为该校第一届研究生，专攻工业经济，同时承担讲课任务。1952 年毕业后留校任教。1953 年调回中原大学财经学院。不论环境如何变化，李贤沛一直坚持马克思主义者的立场，认真审视着中国社会的变化，以一名优秀党员的政治敏感性，关注着中国社会的发展。在长期的科学研究中，李贤沛积极参加社会主义改革理论和实践的探索，发表论文 70 余篇，出版专著、教材 25 本，完成各类课题 13 项，获得了中共中央的高度认可。1972 年，李贤沛受时任第二汽车制造厂计划处副处长、后来成为国务院副总理的李岚清同志之邀，培训第二汽车制造厂的企业管理干部。1979 年在国务院召开的第一次关于国有企业改革试点的会议上，李贤沛面对中央有关部门领导，直指问题关键，提出“改革是真改还

---

① 国务院学位委员会办公室编：《中国社会科学家自述》，上海教育出版社 1997 年版，第 248—249 页。

是假改，是大改、中改还是小改”的问题，建议中央建立强有力的组织领导机构，强调坚持社会主义的发展道路。这些坦诚且中肯的看法给与会领导很深震撼。后来李贤沛参与了武钢、大庆油田等多个大型国企的体制改革研究，还长期担任湖北省和武汉市的政府咨询专家。2004 年是李贤沛执教 55 周年，正值《李贤沛文选》出版，李岚清同志专门发来贺信，并委托有关同志赠送了花篮。

李贤沛一生与教育结缘，成为“未来马克思主义经济学家、管理学家”是李贤沛对自己学生的要求和期望。每届新生入学第一天，李贤沛都会将《邓小平理论》作为书单的第一本书推荐给他们。交一篇邓小平经济思想研究专题报告也是每个新生必做的功课，被同学们戏称为“打桩”。每半个月，李贤沛会找学生们谈心，分析当前的社会形势，教育他们把握政治立场，被同学们称作“半月谈”①。作为老师，他不仅传道授业，为祖国的经济建设培育出了大量的人才，更以善意为纲，用无私大爱滋养学生的心灵。李贤沛在世时资助贫困学生近百名，无偿捐助金额已达近 10 万元，还专门设立了“育贤奖学金”。为了省出钱来补贴学生，他平时一支烟分两次抽，一件白色的的确良衬衫，穿了 20 多年都舍不得扔，旧了，脏了，就染成深灰色继续穿。去世后，以“育贤奖学金”为基础，其家人与学生共筹集 30 余万元设立了“李贤沛奖学金”，用来资助品学兼优的寒门学子，希望能把他一贯的助人精神发扬下去。

1994 年，当时已近七旬的李贤沛改写了一首古诗：“白日依山近，长江入海流；欲穷人生义，再做十年牛。”那拼搏报国的雄心，那慈如老父的爱心，那质朴无华的真心跨过时间的长河激励着一代又一代中南大人。

（二）李茂年

李茂年是统计学专业的一位元老，曾任上海法学院万县分院、万县辅成学院、湖南大学商学院统计专业讲师及副教授。在 1953 年全国高校院系调整时来

① 中共湖北省委高校工作委员会编著：《身边的楷模——湖北高校优秀共产党员风采录》，武汉大学出版社 2006 年版，第 8 页。

李茂年（1916—2011），广西容县人，统计学家，我校首批博士研究生导师。

到中南财经学院，后便一直从教于我校。

李茂年年少时就显露出极强的学习能力，他与百余人一同考入县立初中，经过学校严格的筛选和淘汰，三年级时只剩下二三十人，李茂年就是其中之一。三年级通过学校考试后，还要通过会考才能考取高中，李茂年考取了当时广西省仅有的三个高中之一——广西大学附属高中。1938年高中毕业时，李茂年受限于家庭条件，无法自费读大学，于是他报考了广西大学土木系的梁士诒公费生与中央政治学校大学部的公费生，前者的录取率仅为千分之一。后来两所学校都录取了他。当时日本已经发动全面侵华战争，广西大学被日机炸毁，不知何时才能入学，李茂年因此赴重庆就读中央政治学校大学部的经济系统计组，由此迈出了成为统计学家的第一步①。

1942年，李茂年毕业于中央政治学校大学部经济系统计学专业，获得学士学位。次年2月开始在高等学校从事统计学的教学和科研工作，在经济统计与数理统计方面都取得了令人瞩目的成就。他于50年代在长沙市进行职工家计调查和农户收入调查，这也是我国解放后的第一次抽样调查。他第一个编制出抽样误差频率分布表，首先采用矩母函数推导频率分布与分差法，首先介绍康德尔检验系数，创建平均发展速度累计法简易查对表，对我国统计科学的发展作出了巨大的贡献。

长期耕耘在教学第一线的他，治学严谨，执教严格，一丝不苟，令人尊敬。执教几十年中，他曾教过统计应用数学、高等微积分、普通统计学、数理统计学、经济统计学、统计方法论、统计学原理、抽样调查、近代回归分析、近代时间序列分析等多门课程。据学生回忆，“文革”结束恢复高考之后，所有学校的专业教材都极度匮乏，我校的统计学专业在恢复高考后首届招生也面临这个问

① 国务院学位委员会办公室编：《中国社会科学家自述》，上海教育出版社1997年版，第314页。

题。李茂年给学生授课时，所用教材都是他自己编写的。当时国内许多高校用国外译著作为教材，但教材中往往只有应用公式，没有证明公式来源，学生只知其然不知其所以然，李茂年第一个把书中的公式进行了系统的证明和推导，确实“技高一筹”。教学中，各种计算公式的推导与参数的求证等十分复杂，往往一个公式的推导求证，用全部黑板来板书都不够用。学生面对高深的数理统计学公式，在课堂上响起一片交头接耳的嗡嗡之声。这时，年近七旬的数理统计学元老，瞪大眼睛，掏出手绢，揩净嘴角溅出的白沫，解开衣领扣，用黑板擦“嘭嘭”地敲着讲台，带着广西口音正色道：“我这个教材，即使拿到国外，也是不会出丑的!”①

李茂年曾说：人是需要一点精神的，只有具备了奋发向上的精神，干事情才会有持之以恒的韧劲，才会有不断前进的动力。他是这么说的，也是这么做的。不论环境如何变化，李茂年始终坚持对统计的科学研究，以超前的眼光和刻苦的付出默默耕耘。他对统计学科的一片赤子之心也深深感染了无数学子。2016 年李茂年先生诞辰 100 周年之际，他的 5 位博士生屈定坤、李选举、彭维湘、张虎、刘剑平发起设立茂年基金“茂年奖学金”。起始基金为 100 万元，以后每年追加 10 万元，用来奖励统计与数学学院在科研、学科竞赛等方面取得突出成绩的本科生、研究生和博士生，延续李茂年勤奋治学的精神。

（三）周　骏

中国金融学界素有“北黄南周”的说法，其中“南周”就是我校金融学科的奠基人之一，也是我校金融学国家重点学科的主要创建者——周骏。2010 年周骏入选湖北省首届荆楚社科名家，2012 年获中国金融学科终身成就奖。

周骏 1928 年出生于汉口，幼年时抗日战争爆发，在乱世的颠沛流离之中，他断断续续完成中学学业。1949 年 5 月武汉解放，正当二十岁出头的周骏寻找

① 李平安：《往事的回忆》，载于中南财经政法大学校友总会微信公众号。

出路之际，中共中原局创办的中原大学南下武汉，他便进入中原大学学习，后来又被选派到中国人民大学研究生班深造。在人大学习两年后，周骏以优异的成绩毕业，回到已更名为中南财经学院的母校，在母校坚守三尺讲台①。从1953年至今，周骏亲历了新中国波澜壮阔的金融发展与变革。

周骏，1928年3月生，湖北仙桃人，金融学家，我校首批博士生导师，首届荆楚社科名家。

在马克思主义金融理论中国化的求索征程中，周骏在货币流通理论、马克思主义货币金融理论、货币政策与金融调控、金融风险管理、资本市场等领域作出过重要原创性贡献，是中国金融改革实践中勇敢的探索者和积极的参与者。计划经济时期，为了研究新中国的货币理论，周骏带领学生下农村、进工厂，到经济生产的第一线去寻找答案，还在1958年参与试办中南财经学院的“实验银行”。改革开放后，周骏敏锐意识到单一的银行信用将不能适应经济发展需要，于是向中国人民银行提出建立“二元银行体制”、实行多重信用形式的建议，基本上构成了今天中国金融版图的蓝本。80年代后期国家通货膨胀加剧，周骏也发出了自己的声音，他的代表作《货币政策与金融调控》出版，为国家经济宏观调控政策的制定提供了理论依据。1997年，东南亚金融危机给决策层极大震动，次年，70岁的周骏临危受命，带领团队承担了国家社科基金重点项目——“防范和化解金融风险问题研究”，从此快速发展的中国经济也终于有了规避风险的“警示牌”。

谈起自己成功的秘诀，周骏认为关键是勤奋。他曾说：“人家在玩、在闲聊的时候，你在学习，这就是做学问最基本的方法。”②在很长一段时间内，他没有星期天，没有寒暑假，平时不看电影，不逛公园，大年初一也伏案写作，正是靠

① 国务院学位委员会办公室编：《中国社会科学家自述》，上海教育出版社1997年版，第239—240页。

② 宋清华：《金融学的巨子——记中南财经政法大学教授周骏》，《湖北日报》2013年11月25日第15版。

坚持不懈的刻苦钻研才取得了如今的成就。

有留学回来的学生看望周骏时问他："周老师，人家外国的教授周末都休息，商店都关门停业，总统都休假，您就不能休息休息吗？"周骏笑着说："哈！咱们中国的教授就是这样啊！"①

作为第一批中国共产党培养出来的高校教师，周骏为祖国建设培育英才，众多弟子蜚声金融学界与实务界，这跟他严谨求实的学风分不开。他坚持用所学解决中国的实际问题，将理论联系实际，"重视实践是金融教学研究之本，也是金融理论支持我国事业不断前进的出发点"，叮嘱中青年学者"学术研究不能闭门造车"。

有一次周骏组织湖北财经学院的首批金融研究生课堂讨论，题目是：我国目前可否开放商业信用。周骏首先明确表达自己的赞同。讨论中，6个学生全部都反对周骏的观点，个个慷慨激昂。学生们狠批完观点后，也难免在心里嘀咕：周老师肯定生气了。结果没想到，周骏哈哈大笑道："好啊！一年前你们入学时什么都不懂，现在能说出一套大道理反驳我了。好，好！"②

如今，周骏已入耄耋之年，依然精神矍铄，这位离休老人，笑称自己是"离而不休"，仍在关注中国金融，坚持学习、坚持研究，并不断勉励青年学子将个人发展与时代大势相结合。周骏的清坚人品、济世文章鼓舞着一代又一代金融学人光前裕后、继往开来。

---

① 李一芝：《39年前：首届研究生心目中的周骏老师》，《中南财经政法大学报》2017年11月30日第580期第三版。

② 李一芝：《39年前：首届研究生心目中的周骏老师》，《中南财经政法大学报》2017年11月30日第580期第三版。

（四）杨时展

杨时展是我国著名会计学家、教育家，于1953年全国高校院系调整时来到中南财经学院。

杨时展（1913—1997），浙江宁波人，会计学家，我校首批博士研究生导师。

杨时展的祖父曾追随孙中山参与过辛亥革命、北伐战争，出身于旧军人家庭的杨时展从小立下了一生报国的志向。抗战时期杨时展在浙江省财政厅任职，协助身为共产党干部的弟弟陈山（原名杨时俊）营救多名被抓捕的共产党人与新四军干部。1947年，已在国立英士大学任教授的杨时展参加反内战、反饥饿、反迫害大游行，并以教授身份救助多名受迫害的进步学生，不仅因此被学校解聘，还受到国民党当局追查，被列入暗杀名单，于是他被迫变卖家产，携家人离开浙江辗转至广西大学，后因全国高校院系调整加入我校。新中国成立后，忧国忧民、生性耿直的杨时展向毛主席寄去"万言书"，提出许多诚挚与中肯的建议。改革开放后，杨时展担任武汉市政协副主席、民革武汉市主任委员等职务，继续为国建言献策。①

作为一名会计学教授，杨时展调侃自己与会计结缘实为先"结婚"，后"恋爱"。从小对会计不感兴趣的他，大学时本想报考中央政治学校金融系，但因当时急需会计人才，便安排他进入会计系，结果他和会计学"结婚"后"感情还挺不错"。杨时展著述丰富，一生共发表论文110多篇，出版专著、编写教材及工具书近10部，总善于言他人所不能言，所不敢言。他在教学、科研领域知难而

① 杨孟愚、杨仲乐、杨叔庸、杨季音：《怀念父亲杨时展》，《会计之友》2008年第2期，第90页。

上，恢复了我国中断了30多年的审计学教学工作，1982年，受财政部之托，与澳大利亚合办审计班，培养了我国恢复审计制度所需的第一批人才。他提出了中国大学会计学系的第一个教改方案，将30多年来的“老三门”体系改为以财务会计、管理会计、审计学、电算化会计为主的新体系，还大胆采用英语教材进行课堂教学。杨时展首创会计学“受托责任学说”，提出会计控制系统论等观点，见解独到，站在时代前列推动了中国会计学科的发展，在学术界享有极高声誉。英国剑桥国际人名中心曾多次索要他的生平事迹，拟列入《澳亚及远东人名录》《知识分子名人录》等文献中①。他常说：“我们这个多难的祖国，在会计上吃的亏实在是太多了，会计可不是雕虫小技。”“天下未乱计先乱、天下欲治计先治。”“立国之基，系于二计（会计、审计）；二计既臧，国乃富强。”②

在杨时展任教的几十年中，他不仅讲授过会计学、审计学等会计学科的众多课程，还承担过统计学、货币银行学、经济思想史等课程教学。1981年春，他率先在我国高等院校开设管理会计课程，通过学院的闭路电视为当时的湖北财经学院会计系1977级、1978级学生讲授管理会计学，教材是杨时展于1980年夏天在43摄氏度室温下翻译的著作。讲课时，他理论联系实际，臧否时弊，希望广大会计学子认真学好专业，为国家当好家，理好财。开课不久，引来武汉地区不少高校教师和企业家到校“蹭课”，偌大一间教室被挤得爆棚，一时间，杨时展的管理会计课堂成了名副其实的社会大课堂。

杨时展教书育人的一生只讲奉献，不讲索取。据学生回忆：杨先生数次赴台讲学所着西服是花80元买布料做的，鞋是花50元在小商品市场买的，一年夏天先生去北京讲学，他和老伴住在极其普通的房间里，用一台直径只有六英寸的小电扇驱暑③。节衣缩食的他，却在1995年，将自己和夫人的工资、稿费等毕生

① 武汉文史资料编辑部编：《武汉文史资料》增刊“武汉人物选录”，武汉市政协文史资料委员会1988年刊印，第35页。

② 国务院学位委员会办公室编：《中国社会科学家自述》，上海教育出版社1997年版，第310页。

③ 节选自王军：《仰望星空，追忆大师》，刘可风主编：《岁月如歌——中南财经政法大学校友回忆录》，湖北人民出版社2008年版，第37页。

积蓄10万元捐给中南财经大学设立“勤诚助学金”。

杨时展常说，“人生到底怎样度过才算有价值？会计学上讲，资不抵债要破产，我想人的一生中，如果奉献不抵享受，恐怕也只能算是一个破了产的没有价值的人”。他用一生践行了他“贡献－享受＝生命价值”的人生意义公式。

（五）张寄涛

张寄涛（1927—1992），河南潢川人，经济学家，1990年被评为博士研究生导师。

张寄涛1948年12月进入中原大学学习，1950年保送至中国人民大学政治经济学研究生班学习，1952年回校任教，1956年被评为讲师，1980年被评为副教授，1983年被评为教授。1990年经国务院学位委员会批准为政治经济学专业博士生导师。兼任全国《资本论》研究会理事、湖北省社科联学术委员会副主任委员等职务。

自50年代起，张寄涛即从事资本论、政治经济学的教学、科研工作，80年代以来研究社会主义经济理论和国外社会主义不同经济模式和流派的比较研究。撰写与主编的学术著作主要有：《我国社会主义经济体制改革的理论探索》《社会主义经济运行的宏观调控》等。1979年以来，在《经济研究》等刊物和报纸上发表学术论文百余篇，研究报告《宏观经济调控与微观经济搞活相结合》被武汉市人民政府以文件形式发往有关部门参考。

虽身处逆境20年，历尽坎坷，但张寄涛笃信马克思主义，身体状况不佳仍笔耕不辍。他撰写的《马克思的剩余劳动理论和社会主义剩余劳动的性质及其表现形式》一文，提出《资本论》在3种含义上使用“剩余劳动”这一概念的观点，得到学术界高度评价，该文荣获我国经济学界最高奖——孙冶方经济科学论文奖（第一届）。在80年代初就在我国学术界较早地提出了市场机制和计划机制共存于社会主义经济一切领域的观点，并预见性地提出要建立社会主义统一市场和以基础价格为轴心，多种价格并存的价格体制的改革设想。这些观点被学术界一致认为具有超前性，符合经济和改革发展的方向和进程。

张寄涛忠诚于党的教育事业，重视教书育人，言传身教，教学成果《培养经济理论研究生的途径和方法》在1989年被评为“国家级教学优秀成果奖”和“湖北省高等学校教学优秀成果一等奖”。张寄涛多次被评为学校“优秀共产党员”、中共湖北省高校工委“优秀党员”，获1989年度全国财税系统劳动模范，湖北省教育系统劳动模范等光荣称号。据学生们回忆，张老师上课讲《资本论》时，学生总要争取坐在第一排听讲，因为他的讲课太吸引人了，连外专业也有同学前来蹭课。直至病重垂危时，仍在病榻上给博士生讲授课程，即使汗水布满额头也在坚持①。张寄涛崇高的人品与孜孜不倦的治学精神不仅贯穿着他的一生，还不断启迪着后来者。

（六）彭星闾

彭星闾（1928—2019），湖南长沙人，经济学家、著名市场营销理论专家，1990年被评为博士研究生导师。

彭星闾1949年进入中原大学学习，1952年从中国人民大学合作贸易系研究生班毕业后，回到中原大学担任教员，1956年担任中南财经学院讲师，1958年任湖北大学讲师，1980年任湖北财经学院副教授。1987年由湖北省人民政府批准任教授职务，1990年由国务院学位办批准任博士生导师。

彭星闾长期从事商业经济、贸易、市场营销理论的研究，是我国最早一批潜心研究

① 张卓元、夏兴园、钟朋荣、赵凌云、胡家勇、张靖、卢现祥：《华章传世、师表流芳、先生风范、山高水长——纪念张寄涛教授逝世10周年》，《中南财经政法大学学报》2002年第6期。

市场营销理论的专家之一。1993年，中国今日出版社等单位联名要求将其著作《现代市场功能新探》编入“中国思想文库”大型丛书，以7种文字，向150个国家发行。主编的《营销管理学》由统计出版社出版后，被经济出版社编入《企业万有文库》丛书。1999年海尔集团首席执行官张瑞敏先生亲笔致函感谢彭教授对海尔经营管理的真知灼见。彭教授主编的教材和参与撰写的专著、译著共15部，其中获省部级一、二、三等奖各2项。在《财贸经济》《江汉论坛》《国际广告》《中国软科学》等刊物上发表论文60多篇。

改革开放之初，在以彭星闾教授为首的商业经济（贸易经济）系教师的共同努力下，我校商业经济系的教学、科研工作走在了全国高校的前列。1982年，彭星闾教授率全国之先正式开设了市场学课程。1988年，贸易经济专业市场营销专门化创建，市场营销专业课程体系建设基本定型。1990年，中南财经大学贸易经济专业“营销理论与战略”方向博士点申报成功，彭星闾教授经国务院第四届学位委员会批准成为国内“营销理论与战略研究”方向的博士生导师，由此国内最早涵盖学士、硕士、博士的市场营销学科体系在中南财经大学形成。

“我从事市场营销研究，是从1979年开始的。当时在本科开‘西方市场学评述’，不少同志为我暗地里捏一把汗，认为这是资本主义的东西，说以后‘运动’来了，你下不了台，劝我作罢。我认为现代市场营销理论与方法，是社会化大生产条件下，企业的营销理论与方法，它不是什么资本主义的东西，而是人类文明的共同成果，运用它有利于生产的发展、市场的繁荣、人民生活水平的提高，因此下决心干下去。1985年我的《市场学》一书出版了，针对当时一些人认为马克思主义过时了，我明确提出要以马克思关于市场经济的有关论述，特别是其中产品实现的理论、竞争的理论等，作为现代市场营销的根本指导思想。我说这些事，是想说明做任何事情，特别是治学，只要方向看准了，有益于人民、有益于社会，就要有勇气坚持下去。”①

① 国务院学位委员会办公室编：《中国社会科学家自述》，上海教育出版社1997年版，第286页。

彭星闾数十年的教学生涯，桃李芬芳、星光灿烂。自1991年开始招收博士生以来，为国家培养了40余名博士、2名博士后以及近20名博士生导师。在1993年被国家教委、人事部授予“全国优秀教师”称号，1997年获深圳华为集团优秀导师奖，1998年、1999年、2001年连续三年获湖北省优秀博士论文导师奖。2008年，为发扬彭星闾教授“堂堂正正做人，开拓创新治学”的教育精神，由彭星闾教授的博士生发起，“学习之星”奖学金正式成立，用于奖励工商管理学院学习成绩优异、学术实践突出的优秀个人，同时大力帮扶贫困学生。彭星闾治学育人的思想、学术研究的成果和敢为人先的精神，延续不息，激励广大学子遨游学海，积极创新。

（七）蒋碧昆

蒋碧昆（1927—2016），湖南宁乡人，宪法学家，我校宪法学与行政法学创建人之一。

蒋碧昆1954年从中国人民大学毕业后即任教于我校，历任中南政法学院助教、湖北大学法律系讲师、湖北财经学院副教授、中南政法学院教授。

1950年秋，中国人民大学正式成立，蒋碧昆经过严格考试，成为中国人民大学法律系的第一届学生，而他的人生选择与共和国前主席刘少奇息息相关。蒋碧昆是刘少奇的同乡，并在1944年与刘少奇的外甥女结婚。解放初期，刘少奇之侄刘允明回乡探亲，23岁的蒋碧昆和几个同辈的年轻人一起随之北上求学，在中南海见到刘少奇时，他们才知道刘少奇是中央人民政府副主席。刘少奇说：“你们到共产党这里来找出路，没有走错门，不过思想上不要有升官发财的打算。我个人是没有资格介绍你们去读书或者工作的，一切要按规矩去办，上学要经过考试，按标准录取；参加工作要经过思想改造，由组织统一分配。你们以后出去办事，都不要打我的招牌，也不要宣扬我们之间的关系。”后来，蒋碧昆经过严格考试，考上了刚刚创办的中国人民大学，最终选择了法律系。蒋碧昆幼年受过多年私塾教育，并随父亲学过中医和诗词歌赋，乍一进入中国共产党兴办的新式大学，学习上难以接轨。当他向刘少奇坦承自己在学习上的困难时，刘少奇严肃批评了他的畏难情绪：“你们现在很幸运，吃人民的饭，穿人民的衣，读人民的书。打个比方，你们现在是欠了人民一笔账。但欠账是要还的，不仅要还本钱，还要还利息。不然就对不起人民。”在刘少奇的鼓励鞭策下，蒋碧昆刻苦努力，1954 年以优异成绩毕业。①

蒋碧昆用自己的实际行动践行着当代宪法学人的历史使命。蒋碧昆潜心宪法学教学科研，特别是改革开放以后，先后主编《宪法学》《新编中国宪法教程》等多部教材，发表论文数十篇，多篇论文被评为湖北省法学会优秀科研成果、湖北省优秀法学成果奖。其专著《中国近代宪政宪法史略》在中国宪法学界影响深远。

蒋碧昆亲历新中国第一部宪法制定，参加过历次修宪的讨论，并出席了现行宪法第二个修正案通过前颁布前全国人大常委会特邀的专家座谈会，为我国宪法制度的完善和宪法学的发展作出了贡献。

在人大进修期间，蒋碧昆参与了中国第一部宪法，即“五四宪法”的起草工作，被分配到宪法起草委员会办公室的秘书组担任临时编辑。他当时整理了 14 大本笔记本，分成社会制度、国家制度、国家机构、公民的权利和义务、国旗国徽首都五大类。工作期间，起草小组办公室主任田家英同志还转达了毛主席对于宪法文风的要求：能听的人听得懂，能看的人看得懂，让老百姓都能理解宪法。1954 年 9 月 15 日，第一届全国人民代表大会第一次会议在中南海怀仁堂举行，刘少奇同志在大会上作了《关于中华人民共和国宪法草案的报告》。9 月 20 日，当周恩来总理在人大会议

---

① 中共宁乡县花明楼镇杨林村总支委会、花明楼镇杨林村民委员会、花明楼镇杨林村志编委会编：《杨林村志》，2005 年版，第 213 页。

上宣布宪法通过的消息时，全场掌声雷动，划时代的“五四宪法”受到了全国人民的拥护。①

除学者外，蒋碧昆还有个身份是著名诗人，他是中华诗词学会会员、武汉诗词学会常务理事。蒋碧昆曾写过一首《纤夫颂》：“一绳肩上挂，脚底起波澜。踏破千重浪，牵来万仞山。”从字里行间，我们能鲜明地感受到蒋碧昆为中国实现宪政理想而奋斗一生的艰难历程，以及忧国忧民的赤子情怀。作为一位宪法学人，蒋碧昆用一生的信仰与坚守推动着马克思主义思想的传播和实践。

三、逸事集萃

（一）邓小平题写校名

我校的发展虽几经变革，但从创建开始，都能清楚地看到邓小平同志在其中起到的重要的历史作用。走过72年风雨历程的中南财经政法大学，不会忘记这个播下火种的人。

1948年5月，中共中央中原局重新成立，原华中分局撤销，邓小平任第一书记。与此同时，中原军区也进行了改组，刘伯承任司令员，邓小平任政委。中原局和中原军区的领导，多次利用战斗间隙或部队休整的机会，集体研讨军政干部的培养问题。在这样的背景之下，筹创了中原大学。筹创期间，邓小平曾发专函，要求对来解放区的著名人士“一切待遇从优”，此事得到妥善安排，留下来工作的著名人士们才得以安心工作。9月，邓小平参加在河北省西柏坡召开的政治局扩大会议，在此期间曾专门找时任中央宣传部部长的陆定一商量，希望中央

① 蒋碧昆：《从“五四宪法”走过来的法治梦》，《人民日报》2014年9月19日。

能从华北大学抽调一些干部支援中原大学。后中央于 10 月抽调了一大批教学骨干，基本建立起了中原大学领导班子和工作系统①。正是由于邓小平对中原大学创建工作多方面有力的支持，加之陈毅同志的运筹有方，刘伯承、邓子恢等领导带头讲课，几位著名学者的积极投入教学，才有了中原大学当年 11 月下半月首届研究班和一、二两个大队学生相继毕业的快速教育成果。再后来以中原大学财经学院和中原大学政法学院为基础，成立了中南财经学院和中南政法学院。

1978 年 5 月，小平同志审阅我校部分党员和教职工要求解决恢复湖北大学和退还被占用校舍等问题的来信，批示“此件转请湖北省委处理”。可见小平同志对我校部分党员群众所反映问题的重视。湖北省委、省政府随之采取了一些积极举措，曾有以湖北财经学院为基础恢复并扩建湖北大学的拟定，但由于此前我校已实行财政部与湖北省双重领导且以部为主的办学模式，因此不曾采纳；省领导旋又根据变化了的情况与社会需要，另行组建了一所新的湖北大学；同时对我校收回被占用校舍、改善办学条件的要求给予了实际的支持。

1984 年初，当时的国家教委根据中共中央宣传部的指示，决定编写《中原大学校史》。当时负责撰写校史的编写组北上南下，走访了大量在中原解放区和中原大学学习过的老同志，翻阅了大量历史档案，两易其稿。1985 年 6 月《中原大学校史》定稿被送至北京，请邓小平同志审阅。由于中原大学是邓小平同志在 1948 年同刘伯承、陈毅等一起创办的，也是他一生中唯一参与创办的一所革命大学，他与中原大学的感情非常深厚。邓小平很快看完了书稿。他认为，书稿写得不错，可以出版。他还认为，这部书不仅是一部校史，更是我党在解放战争时期和新中国成立初期一个重要的侧面反映②。

1988 年 9 月，中南财经大学 40 周年校庆庆典前夕，学校校庆筹备委员会派人赴京请邓小平为学校题写校名，由于这样的历史缘故，邓小平同志在书房欣然提笔题写了“中南财经大学”校名，他边写边说“这个学校我知道”。这一瞬间

① 郝侠君：《小平同志和我校的创建发展》，刘可风主编：《岁月如歌——中南财经政法大学校友回忆录》，湖北人民出版社 2008 年版，第 3 页。

② 周挥辉：《百年华大与百年记忆》，华中师范大学出版社 2013 年版，第 190 页。

被他的警卫秘书张宝忠拍了下来。20 年后，张宝忠将这张照片提供给了学校。曾任中南财经大学、中南财经政法大学党委书记的徐敦楷教授曾感慨地说：“从未踏入过中南海的普通人，或许会臆测这些题字会不会是秘书代笔，但图片真实记录了这一瞬间，题字时，小平同志已 84 岁！”

邓小平为中南财经大学题写校名

现在中南财经政法大学南湖校区的“希贤岭”，是为纪念邓小平同志而建立。邓小平原名先圣，年幼时，他的私塾先生对聪明乖巧的邓小平甚是喜爱，但又觉得他的名字不妥，孔子方为圣人，一个小小孩童怎么能叫“先圣”呢？于是他为

希贤岭纪念石

邓先圣改名为邓希贤，希望他将来成为贤人。邓希贤这个名字一直用到 1927 年，后来为了适应秘密工作的需要，才改名为邓小平。

（二）首届人文社科奖结硕果

1995 年，新中国成立以来第一次进行全国高等学校人文社会科学研究优秀成果的评奖工作。该奖作为国家教育委员会（教育部）的三大奖之一（其他两个奖项是：优秀教学成果奖和优秀教材奖），是我国人文社会科学领域最高级别的优秀成果奖。全国高校人文社科研究优秀成果奖每三年评选一次，展现了党的十一届三中全会以来，我国高等学校人文社会科学事业取得的巨大成就，表明了党和政府对人文社会科学研究事业的重视和支持。

首届全国高校人文社科研究优秀成果奖，经过通讯评审和专家会议评审，在 355 所高校申报的 2967 项参评成果中，共评选出一等奖 103 项 ，二等奖 395 项，三等奖本届空缺，获奖面覆盖 23 个学科、30 个省区市和 113 所高校。首届评奖评选过程历时一年多，评选标准严格，以质量和贡献为评价导向，慎之又慎，宁缺毋滥，例如艺术学、逻辑学、新闻学与传播学、管理学等多个学科的一等奖均为空缺，评奖结果科学、公正、权威。

在严格的评选中，我校共 5 项获奖，其中 1 项一等奖，4 项二等奖，均为经济学著作，获奖数量名列财经院校前茅，不仅体现学科特色，也展现了我校强劲的科研实力。郭道扬的著作《中国会计史稿》填补了中国经济学史的空白，具有划时代的里程碑意义，荣获一等奖。赵德馨、周秀鸾、苏少之的著作《近代中西关系和中国社会》全面、深刻地阐述了近代中西关系的特殊性及其所决定的近代中国社会的特殊发展道路，周骏的著作《货币政策与金融调控》对我国货币政策最终目标、货币量层次的划分、影响我国货币需求的因素及货币量供应模式等内容都作了系统论证与分析，夏兴园的著作《中国地下经济问题研究》探讨不同经济主体经济交往过程中的地下经济行为，提出了对不同经济主体地下经济行为的整治方法，刘思华的著作《理论生态经济学若干问题研究》记录了我国生态经济学研究的发展过程，并对中国生态经济学学科体系的初步形成作出了重要贡献，具有极大的学术价值，均荣获二等奖。

从目前公布的历届（第一届至第七届）全国高校人文社科研究优秀成果奖的情况看，我校共获得一等奖 2 项，二等奖 13 项，三等奖 20 项，普及奖 1 项。在第六届全国高校人文社科研究优秀成果奖评奖结果中，我校共有 9 项成果获奖，其中，杨灿明、孙群力合作的《中国各地区隐性经济的规模、原因和影响》获得论文奖一等奖，这是我校再次斩获该奖项一等奖。

（三）首次在大学举办大运会

根据国家教委、国家体委、共青团中央的决定，第四届全国大学生运动会定于 1992 年 9 月在湖北武汉举行。湖北省人民政府成立筹备委员会。筹委会经过慎重考虑，决定将开幕式和主赛场设在中南财经大学。第四届大运会是新中国成立以来我省首次举办全国性大型综合运动会，也是新中国历史上第一个把开幕式和主赛场设计在一所大学举行的运动会。

当时，兴建大运会主赛场，是摆在学校面前最艰巨的任务。在财政部、湖北省委、省政府有关部门大量细致扎实的工作下，至 1991 年底，长期困扰学校办学的外单位搬迁问题终于得到彻底解决，为重新规划校园建设比赛场地创造了必备条件。

1992 年新年伊始，学校提出了“当好东道主、热情迎嘉宾”的口号。学校筹备工作由在校主持行政工作的汪行远副校长总负责，并相继成立了主赛场场地建设、宣传与校园文明、校园环境美化、安全保卫、广告与集资、竞赛与体育器材、接待等七个办公室，各项筹备工作按预定计划紧张有序地进行。

主赛场土建工程在 5 月如期完成，7 月底竣工交付使用。整个赛场占地 27000 平方米，建筑面积 7000 平方米，有 8000 个看台座位，赛场配有先进的微机系统、大型电子显示屏和音响系统，绛红色的塑胶跑道环绕着绿草如茵的田赛场地，可进行大型团体操表演和田径、足球等项目的比赛。在全国高校中，在当时可进行全国性正规比赛的标准田径场仅此一家。4 月中旬，国务委员兼财政部部长王丙乾挥笔题写了“中南财经大学体育场”场名，同时题写了学校校风“团结、文明、求实、奋进”八个大字。

随着大运会开幕日期的临近，整个校园气氛热烈，兴起了以办好大运会为契机，全面推动两个文明建设的热潮。大学生们开展了“为大运添彩，为校园增辉”的丰富多彩的活动。学校召开了精神文明建设和宣传动员会，校大门挂出了大运倒计时牌，校报、广播台开辟了迎大运专题栏目和节目，各系、班纷纷推出板报、书画、摄影等作品，举办迎大运精神文明演讲赛，几百名大学生走上街头，开展迎大运咨询服务活动。广大学生从身边做起，主动参加赛场工地义务劳动、校园整治、植树活动，人人为美化净化校园出力。学校还在大学生中选拔了礼仪队、接待员、学生记者等近百名志愿者。

9 月 29 日，第四届全国大学生运动会在学校体育场隆重开幕，这是我国首次在大学校园里举办如此规模的体育盛会。整个校园装扮得花团锦簇，到处是彩

在学校运动场举行的大运会开幕式

旗、标语、宣传画、大运吉祥物、彩门、彩灯、彩色气球。来自 30 个省区市 1075 所高校的近 5000 名运动员、教练员云集学校，参加了隆重热烈的开幕式。学校女排运动员代表全体参赛选手向大会宣誓，决心发扬爱国主义精神和良好道德风貌，努力拼搏，为大运争光，为母校争光。开幕式上还表演了大型团体操《极目楚天舒》，并进行了武汉地区 20 多所高校的彩车表演。作为东道主，学校彩车最后入场，彩车上邓小平题写的校名熠熠生辉，把开幕式推向高潮。

值得一提的是，在本届大运会比赛中，学校选派的 13 名女大学生（11 名选手是女子排球队员，2 名是田径队员）和 4 名男大学生团结拼搏，取得了很好的成绩。其中女子排球队以六战全胜的绝对优势捧得冠军杯。中长跑运动员连获女子甲组 1500 米和 3000 米金牌，并打破了 1500 米大运会纪录。另一名运动员也以破大运会纪录的优异成绩获得女子甲组标枪冠军。

第六章　松茂竹苞节节高

——中南财经政法大学时期

(2000年至今)

一、历史撷英

新千年的第一个春天，中南财经政法大学的发展史开启了崭新的一页，同根同源的中南财经大学和中南政法学院正式合并组建为新的中南财经政法大学。自此，学校发展进入了一个全新的历史时期。2005 年，学校正式进入国家“211 工程”重点建设高校行列；2011 年，学校成为国家“优势学科创新平台”项目重点建设高校；2012 年，教育部、财政部、湖北省人民政府签署正式协议，共建中南财经政法大学；2017 年，学校入选“双一流高校”建设名单。从此，财经政法联袂发展节节升高，综合实力迈上新台阶。

（一）上下和合百事欣

2000 年 5 月 26 日，中南财经大学、中南政法学院合并组建中南财经政法大学大会隆重召开，这标志着中南财经政法大学正式组建。

2000 年 5 月 26 日，中南财经政法大学正式合并组建

合并大会上，时任教育部副部长周远清代表教育部宣布了关于两校合并的决定及新组建的学校党政领导的任命通知，他指出：“两校合并组建新的中南财经政法大学是贯彻落实‘科教兴国’战略、深化高等教育管理体制改革、优化湖北省教育资源配置的一项重要举措，是一项经过充分论证的决策，必将对我国高等教育的改革和发展起到积极的推动作用，并产生重要的影响。两校的合并，有利于实现学科的调整和互补，发挥多学科交叉、综合的优势，促进学科的建设和发展，有利于培养面向21世纪知识经济时代的具有创新精神和实践能力的高素质人才，促使学校教育质量、水平和效益有较大提高，为学校的进一步发展奠定良好的基础。”①

根据教育部要求，两校要实现实质性融合，力求达到1＋1＞2的效果。为此，学校根据现实情况，有条不紊地开展各项工作，在广泛听取意见的基础上，形成了新的定位、办学思路。

发展目标：建设成为全国一流的人文社科类大学。

办学基本思路：在走规模化、集约化、综合化发展道路的过程中，以经济学、法学、管理学为龙头，带动其他学科建设和发展，把充分发挥学科优势与增强学科特色结合起来，在扩大办学规模的同时提高办学层次，为社会主义经济建设培养高素质、复合型、创造型的人文社科类人才。

中南财经政法大学组建后，归教育部直属，以经济学、法学、管理学为主干，兼有文学、哲学、理学等六个一级学科。学校共有24个本科专业、31个硕士点、14个博士点、2个博士后流动站，有部省级重点学科14个；占地面积1550亩，建筑面积50多万平方米；全校在编教职工2200余人，教师920人（其中教授145人，副教授339人）；形成了本科、硕士、博士及成人教育并举的多层次办学格局。

新的千年，学校实现了历史的上下承合；新的世纪，财经政法联袂正逢其

① 周远清：《在中南财经政法大学成立大会上的讲话》，转引自王文贵主编：《中南财经政法大学校史（2000—2018）》，湖北人民出版社2018年版，第3页。

时，合校后的中南大发展势头欣欣向荣。这次合并成为学校发挥特色优势、推进融合发展、书写全新篇章的起点，是学校发展史上具有战略意义的里程碑。

（二）风好扬帆新时代

合校之后，经过一年时间有条不紊的工作，学校总体上完成了平稳过渡，实质性融合也已经基本完成，在“十五”“十一五”时期的十年间，学校聚力铸剑一流，实现了快速发展。在“十二五”“十三五”期间，全校师生克难奋进，从外延式增长到内涵式发展，实现了学校教育事业的快速发展和历史跨越。

“十五”期间（2000—2005 年）是中南财经政法大学在 21 世纪初期实现跨越式发展的奠基性阶段，也是学校在国际国内激烈的竞争中求生存、谋发展的关键时期。学校制定了《“十五”至 2010 年发展规划纲要》，系统分析了学校的历史与现状、特色与优势、问题与差距等，制定了未来十年的改革和发展规划，为学校在新世纪初期的改革与发展提出了奋斗目标和行动方案。该规划纲要提出了“多学科、教学科研型、开放式”的战略定位，“把学校建设成为经济学、法学、管理学学科为主干，文学、史学、哲学、理学、工学等学科协调发展的，全国一流、国际知名的多科性人文社会科学类研究型大学”的战略目标，以及“创一流、办特色”的办学理念。到“十五”末，经过全校上下的努力，学校以“振兴工程”为主线，预期的工作目标都得到了较好的实现。2005 年，学校正式进入国家“211 工程”重点建设高校行列。

“十一五”期间（2006—2010 年）是学校扎实推进“211 工程”建设，全面提升综合办学实力，实现创建国内一流人文社科类大学目标的关键期。学校制定了《“十一五”教育事业发展战略规划》，根据规划，学校在“十一五”期间的办学总体思路是推进“四项工程”，即“名科”工程、“名作”工程、“名师”工程、“名景”工程；培育“三种特色”，即凝练人才培养特色、培育学科与科研特色、形成鲜明的社会服务特色；深化“两大改革”，即人事制度改革、后勤深化改革；实现“一个目标”，即实现“十一五”期内创建一流人文社科类大学的阶段性目标，即“在包括综合类院校在内的全国高校中实力更加突出，在人文社科类高校中特色更加鲜明，在财经、政法类高校中优势更加明显。“十一五”期间，学校在科学规划、准确定位、明确目标的基础上，紧紧抓住国家高等教育的重要战略机遇期，跻身“优势学科创新平台”建设高校；2006 年 9 月，在教育部进行的本科教学工作水平评估中，学校获评优秀；评建过程中，学校发动全校师生开展了教育思想观念大讨论，深入学习实践科学发展观成效明显，基本完成了“十一五”事业发展规划任务，为学校向“高水平、有特色的人文社科类研究型大学”转型奠定了基础。

“十二五”时期（2011—2015 年）是学校承上启下加快发展、全面提高教育质量的又一重要战略机遇期，是学校创建“高水平、有特色的人文社科类研究型大学”、办人民满意教育的攻坚期。在全面总结学校“十一五”成绩、经验和问题的基础上，结合学校实际制定了《中南财经政法大学改革和发展“十二五”规划》，规划对学校发展愿景、长远目标作了新的表述和内涵阐述，即建设“高水平、有特色的人文社科类研究型大学”，提出“一个主题”“两大战略”“三个完善”“十项工作”。通过“十二五”建设，学校进一步明确了建设高水平、有特色的人文社科类研究型大学的发展目标，继“十五”时期“振兴工程”、“十一五”时期“名品工程”之后，实施“十二五”时期“文澜工程”，使学校逐步走出了一条“规模与结构协调、质量与特色并重”的内涵式发展道路。2012 年，学校抢抓“部部省共建”机遇，成为教育部、财政部、湖北省共建高校。

“十三五”时期（2016—2020 年）是我国基本实现教育现代化的决胜阶段，也是学校全面推进综合改革、加快推进一流学科建设的重要战略机遇期。学校发展面临着国家教育改革发展、中部崛起的地缘优势、人才需求的新契机和新机遇，迎接国际国内高等教育的激烈竞争、国家重点大学和重点学科建设方式的改变、国家招生制度将发生重大变化等新挑战，学校结合实际情况科学设计了《中南财经政法大学改革和发展“十三五”规划》，在学校第三次党代会提出建校一百周年奋斗目标的基础上，结合“双一流”建设方案相关精神，“十三五”时期学校发展目标明确为“力争建成特色鲜明的高水平人文社科类大学。”

“特色鲜明”是指形成财经政法学科融通发展的学科特色；形成融通性、创新型、开放式的人才培养特色；形成主动对接国家经济发展的法制国家建设的学术研究特色。

“高水平”是指汇聚杰出的学者、培养具有国际竞争力的卓越人才、产出高水平的科研成果、作出突出的社会贡献。

“建一流”是指2～3个一级学科稳居国内前列，并通过体制机制创新，建设学科高原、培育学科高峰，进一步发挥和巩固学校经、法、管学科的主体地位和比较优势，形成若干具有学校特色的国内一流学科群，以学科建设带动学校整体发展。①

根据规划，学校以全面提高教育质量为主题，以推进一流学科建设为主线，全面实施以打造“学科创新高地”“名师汇聚高地”“创新人才高地”和“新型智库高地”为核心内容的高地计划为助手，实现学校核心竞争力的战略突破。2017年，学校位列“双一流”建设高校名单，同时，《法与经济学科群建设方案》获教育部批准。学校以此方案全面推进学科建设，争创一流。

打造“学科创新高地”。实施“大文科、新文科、强文科”特色发展战略，构建特色鲜明的学科建设体系，巩固和发挥经、法、管学科的主体地位和传统优势。创新学科交叉融合、协调互动的可持续发展机制，推进学科协同创新发展。构建学科建设投入产出绩效评价制度，并将学科建设效益作为学科建设资源分配的主要依据，实现学科建设管理的动态监控、适时评估。

打造“名师汇聚高地”。创新“文澜人才”工程，引育并举，加强高端人才队伍的建设。不断优化教师队伍学历、学缘结构，推进师资队伍规模与结构协调发展。实行分类管理，深入推进教师聘任管理体制改革，完善教师考核评价机制。

① 《中南财经政法大学改革和发展“十三五”规划》，转引自王文贵主编：《中南财经政法大学校史（2000—2018）》，湖北人民出版社2018年版，第34页。

打造“创新人才高地”。强化“以生为本”的理念，彰显融通性、创新型、开放式人才培养特色。深化本科教育教学改革，创新人才培养模式，坚持以高水平的科研支持高水平的人才培养，推进本科创新创业教育、卓越人才培养计划的实施。进一步完善研究生教育制度体系、质量控制体系与教育评价体系，突出研究生融通创新精神与学术创新能力、实践创新能力的培养。

打造“新型智库高地”。推进科研组织模式创新，优化资源配置方式，依托学校优势学科与高水平学术平台，紧密契合国家与地方经济社会发展中的重大需求开展科学研究，打造具有较高知名度和影响力的中南新型智库，产出一批能够影响和促进国家与地方经济社会发展的标志性社会服务成果。

经过 20 年跨越式发展，中南财经政法大学成长为高水平人文社科类大学，是国家“211 工程”高校和“985 工程优势学科创新平台”项目重点建设高校，入选世界一流大学和一流学科建设高校及建设学科名单。2018 年，学校进入“高等学校学科创新引智计划”（简称“111 计划”）名单，是我校继入围国家“双一流”高校建设名单后，学科建设又一里程碑式的进阶。

学校师资力量雄厚，截至目前（2020 年 8 月），学校共有教职工 2500 余人，专任教师总数 1500 余人，其中教授 300 余人，副教授 580 余人，博士生导师 200 余人。近年来，学校通过实施“文澜人才工程”和“双百万工程”，培育和凝聚了大批高水平的专家学者。其中，4 人入选国家“万人计划”哲学社会科学领军人才，2 人入选国家“万人计划”青年拔尖人才，1 人受聘“长江学者”特聘教授，5 人受聘“长江学者”讲座教授，5 人受聘“青年长江学者”，5 人入选中宣部文化名家暨“四个一批”人才工程，9 人入选国家百千万人才工程，34 人入选教育部新世纪优秀人才支持计划，1 个团队入选国家重点人才项目“创新团队发展计划”，9 人入选教育部青年教师资助计划，34 人入选教育部新世纪优秀人才支持计划，36 人受聘“楚天学者”，1 人入选湖北省跨世纪“111”人才工程，31 人入选湖北省新世纪高层次人才工程人选。此外，全国先进工作者 1 人，全国高校名师奖 1 人，全国优秀、模范教师 8 人，全国师德标兵 1 人，全国教育系统巾帼建功标兵 1 人，教育部高校青年教师奖 2 人，享受国务院政府特殊津贴 84 人，霍英东青年教师奖（基金）16 人，享受湖北省政府专项津贴 17 人，湖北省有突出贡献的中青年专家 39 人，湖北名师 6 人，湖北名师工作室 5 个。

学校现有 58 个本科专业，17 个一级学科硕士学位授权点，97 个二级学科硕士学位授权点，17 个硕士专业学位授权点，7 个一级学科博士学位授权点，57 个二级学科博士学位授权点，6 个博士后流动站；拥有国家重点学科 4 个，国家重点（培育）学科 1 个，湖北省一级重点学科 10 个；普通高校战略性新兴（支柱）产业人才培养计划专业 5 个，国家级实验教学示范中心 4 个，省级专业综合改革项目 7 项，湖北省“荆楚卓越”协同育人计划项目 7 项，学生实习实践基地 400 多个①。

学校十分重视教育教学质量，坚持以人才培养为中心，确立科学的“以生为本”“全面质量观”“特色制胜观”“协调发展观”等教育思想观念，突出“融通性、创新型和开放式”的人才培养特色。作为全国最大的财经政法人才培养基地之一，我校在半个多世纪的历史积淀与改革发展中，逐步形成了“办特色、创一流”的办学理念及与之相适应的人才培养模式，打造了人才培养上的核心竞争力，毕业生就业率始终保持在高位，就业层次较高。

（三）人民的大学

中南财经政法大学从中原大学而来，从战争走向胜利，从黄河走到长江，人民的大学就是要走到人民需要的地方。从中原大学到中南财经政法大学，学校始终坚持“听党话、跟党走”，把党和人民的需要作为自己的奋斗目标。学校始终以“办人民需要的大学、办人民满意的教育”为己任，坚持社会主义办学方向，为党和国家培养输送急需的干部和人才。学校始终致力于培养服务经济社会发展的“经世致用”人才。学校主动对接重大需求和发展战略，积极发挥人文社科类

① 数据统计截至 2020 年 8 月。

大学的学科优势，为国家和地方经济建设和法治建设提供强有力的智力支持和人才保障。全体师生不忘初心，牢记使命，真正践行着“人民的大学”的真正内涵，顶天立地，走出“象牙塔”服务社会，走向人民需要的地方。

“事财经者为天下经财，绸缪国富民裕；司政法者求世间法正，尽责河清海晏。”建校70多年来，中南财经政法大学始终秉持“博文明理、厚德济世”的校训，坚守“砥砺德行、守望正义、崇尚创新、止于至善”的办学精神，学校的发展始终与国家、民族的发展同向同行、同频共振，不断为国家和地方经济社会发展贡献智慧和力量，书写了一曲开拓奋进、砥砺歌行的时代华章。

在新时代学校为党育人、为国育才中，众多师生校友展现新作为、彰显新担当。学校发挥经济学、法学、管理学等学科优势，积极为经济社会发展和法制建设贡献力量，努力在服务社会发展方面彰显“中南特色”，发挥“中南力量”。学校鼓励专家学者坚持学术兴趣的同时，强化国家意识、责任意识，发挥学科优势，全力缔造财经政法领域思想库，努力打造“中部崛起”的智力服务品牌，形成了为国家知识产权战略、法制建设、经济建设提供强大智力支持的格局。学校现有1个教育部人文社科重点研究基地、3个“111计划”创新引智基地、2个湖北省协同创新中心、3个省委智库、8个湖北省人文社科重点研究基地，以及与最高人民法院、最高人民检察院等联合组建的行业研究基地等20多个高水平学术平台。近年来，学校有百余项咨政报告得到相关领导批示或被省级及以上政府部门采纳，其中10余项获中央领导批示。2016年，在“中国智库索引”发布的“211”高校智库MRPA测评综合分排序，我校以100分荣获第一名。城乡社区社会治理湖北省协同创新中心于2016年入选“中国智库索引”首批来源智库，之后连续4年在光明日报发布的《CTTI来源智库发展报告》中，位列全国高校智库前十名、社会政策领域智库第一名。学校积极开展国家、行业、区域经济社会发展中重大理论和实践问题的研究，坚持主动服务国家战略，加强协同创新，服务社会能力不断增强①。学生群体同样是学校依托自身优势服务社会的重要力量，学校支持学生开展形式多样

① 数据统计截至2020年8月。

的社会实践活动和志愿服务活动，彰显当代大学生的责任与担当。众多校友走向社会干事创业，已经成为地方发展建设的生力军。

70 年来，学校先后为国家培养各层次、各类型学生累计 30 余万人，毕业生水平和质量得到社会的广泛认可和好评，一大批毕业生已经成为引领时代潮流的高级领导干部、学术精英和商界巨子，为国家经济建设和社会进步作出了重要贡献①。

2006 年 5 月 26 日，时任中南财经政法大学校长吴汉东走进中南海，为中央政治局集体学习作讲解

中国特色社会主义进入新时代，学校将坚定不移地走中国特色社会主义教育发展道路，为建设成为“特色鲜明的高水平人文社科类大学”而奋斗，为建设富强民主文明和谐美丽的社会主义现代化强国作出应有的贡献。

学校在经济学、法学、管理学等领域培育了大量高端人才。2017 年

① 《走向人民需要的地方——写在中华人民共和国成立 70 周年之际》，文澜新闻网 2019 年 9 月 30 日，http：//wellan. zuel. edu. cn/2019/0930/c1668a224274/page. htm。

9月17日，第三批武汉百万校友资智回汉·中南财经政法大学专场拉开帷幕，此次以“金融法律与现代服务业助推武汉发展”为主题的专场活动，吸引了一大批引领社会发展的商界巨头、政法精英、创业先锋。众多著名校友回汉，珠海格力电器股份有限责任公司董事长兼总裁董明珠、中国银行首席风险官潘岳汉、中国建设银行机构业务部总经理黄小汉、红星美凯龙控股集团有限公司董事长车建新、永泰控股集团有限公司董事长王广西、汤臣倍健股份有限公司董事长梁允超、中金基业集团董事长常文光、常青藤医药联合董事长郑燕明、恒大集团常务副总裁兼恒大金融集团董事长邱火发、广发证券董事长孙树明、中信产业基金总裁田宇、创维集团总裁刘棠枝等校友在母校的号召下纷纷返汉，助力武汉蓄势腾飞。这次活动共签约项目27个，金额达1526亿元，此外，中国银行、中国建设银行、中国农业银行向武汉市授信3600亿元。校友董明珠、梁允超和常文光受聘为武汉市“招才顾问”，校友车建新、邱火发和孙树明成为武汉市“招商大使”。

二、名家采华

（一）郭道扬[①]

郭道扬1940年出生于湖北谷城，1960年考上湖北大学经济系，1964年毕业后留校任教。曾任国际会计史学家协会学术委员会委员、美国《会计咨询》杂志编委；现任国际会计史学家协会理事、国际委员会委员，中国会计学会副会长及

① 《郭道扬：八旬学者以一部巨著献礼新中国70华诞》，《中国会计报》2019年9月20日；《郭道扬：爱国爱党满怀深情的会计名家》，文澜新闻网 2018年6月5日，http：//wellan. zuel. edu. cn/2018/0606/c1673a193902/page. htm；《郭道扬：皓首中国会计史 永葆治学为民心》，光明网 2019年9月7日，http：//culture. gmw. cn/2019-09/07/content _ 33143482. htm。

会计史专业委员会主任委员，湖北省会计学会名誉会长、湖北省总会计师协会名誉会长、湖北省社会科学联合会第三、四届学术委员会委员。

郭道扬，1940年生，湖北谷城人，会计学家，会计史学家，学校文澜资深教授、博士生导师，全国先进工作者，首批荆楚社科名家。现任中南财政经法大学特聘教授、博士生导师、博士后流动站合作研究导师，曾任中南财经政法大学学术委员会主任委员、会计研究所所长。

郭道扬是我国著名的会计史学家，他完成了东方第一部会计史著作——《中国会计史稿》，撰著了世界上第一部系统研究世界会计史的鸿篇巨制——《会计史研究：历史·现时·未来》，撰写了中国第一部会计史教科书——《会计发展史纲》，开拓了国内外会计学研究的新领域，创新研究了一系列具有前沿性意义的问题，创建了国内第一家会计研究所。《中国会计史稿》被英美学者公认为东方的第一部会计史著作，他被称为“中国会计史第一人”。在长达50余年的会计教学与研究中，他始终坚持马克思主义的立场、观点和方法，研究会计学中的重大问题，硕果累累；在几十年如一日平凡的教师岗位上，他兢兢业业，教书育人，桃李满天下。

“文革”后，国家商业部下达九个研究大课题，其中八个被选走，剩下“中国会计发展史”无人认领。要从5000多年中国文明史、2000多年零散的会计工作记录、浩如烟海的古籍中，写出一部贯古通今的专史，无疑是大海捞针、沙里淘金，谁都知道这是一块难啃的骨头。当时系党总支书记对郭道扬说：“你是一个要求进步的人，接不接受这个任务，要慎重考虑。”郭道扬说：“我这一辈子，如果没有毛主席、没有共产党，怎么可能上得了大学？所以党叫我做的，我一定会做，后来我做的事（研究会计史）也跟这有关。”说起这句话时郭老沉浸回忆里，眼眶满含热泪，那份真诚，让每一个人动容。

这位社科名家研究会计史的缘起是因为对党的感恩、对国家的热爱这样一个简单、纯粹又满怀深情的理由，也正是因为这份深情与感恩，郭道扬教授从事会计史研究50余载，扎扎实实、一步一个脚印，填补了中国的会计史研究这一空白领域，更让世界了解了东方会计的发展。

郭道扬教授是一位有强烈爱国热忱和经世济民思想的学者，他对中国会计改革和发展的密切关注，对推动我国会计理论探索的深入和教学事业的进步不遗余力。今天，80岁的郭老还一直在带病坚持写作，“中国会计史国际化工程”“中国会计史文博馆”，一个个项目的落地，为的是让中国会计进一步走向世界，让中国成为世界会计史的研究中心。

“我是一个有着30年糖尿病史的老人，每天早晚一把药，从早到晚打4针，每天都是如此；但我每天坚持写作11个小时，一笔一画地写，花了近9年的时间，终于完成了300万字的《中国会计通史》。我这一辈子，只做了这一件事，那就是写中国会计史，这就是我的初心和使命！”2019年8月30日上午，郭道扬先生在“中华人民共和国会计70年”研讨会上语带哽咽，带着他历时8年完成的五卷本300万字鸿篇巨制《中国会计通史》手稿，向共和国70岁生日献礼，让全场深受感动，报以热烈的、经久不息的掌声。2010年2月，财政部确定将中南财经政法大学71岁的郭道扬教授关于《中国会计通史》的研究项目列入财政部科研重点项目，引发国内学界广泛关注。2011年，郭道扬教授带领团队将“中国会计通史系列问题研究”成功申报为国家社科基金重大项目。这也是新中国成立以来，首次获得国家级别重大立项的会计学课题。郭道扬笑言：“本是含饴弄孙的年龄，却给自己找了这么大的事情，很多人都不理解。”由于身体原因，郭道扬的眼睛长时间盯着电脑就会流泪不止，所以这部鸿篇巨制是郭道扬逐字逐句手写出来的。

《中国会计通史》总计300余万字，共八卷本，分为远古上古卷、中古卷（上、中、下）、现代晚清卷、中华民国卷、现代中华人民共和国卷（上、下），全面系统地研究了中国自远古时代到近现代的会计发展史，包括中国会计起源，财务、会计、审计发生与发展历程及其基本运行规律等。郭道扬教授认为，全面而系统研究中华民族上下五千年会计发展史，既是为会计工作者树碑立传，更是揭示历史事实，确立会计学科和会计工作者的价值与地位。中国一定要有一部自己的会计史著作，来弘扬古往今来中国会计界的贡献，研究和把握会计发展的运行规律，公正评价其历史贡献。

多年来，郭道扬先后获得了多种荣誉称号，即“全国先进工作者”、“全国五一劳动奖章”、建国六十年来首批荆楚社科名家、“全国优秀教育工作者”、“湖北省劳动模范”、“湖北省有突出贡献的中青年专家”，见证了他的耕耘与坚守，记录了他的初心与使命。

（二）吴汉东①

吴汉东，1951年生，江西东乡人，法学家、知识产权专家，学校文澜资深教授，荆楚社科名家。曾任中南财经政法大学校长，现任中南财经政法大学学术委员会主任。

知识产权学界素有“南吴北郑”之说，“北郑”是指已故的郑成思，而“南吴”即是吴汉东。吴汉东教授是我国著名知识产权专家，中南财经政法大学原校长、文澜资深教授、博士生导师，现任教育部人文社科重点研究基地知识产权研究中心名誉主任，教育部和外国专家局“111计划”中方首席专家，国家保护知识产权工作研究基地、国家知识产权战略研究基地、国家版权局国际版权研究基地主任，兼任教育部社会科学委员会法学学部委员、国务院反垄断委员会专家咨询小组成员、最高人民法院知识产权司法保护研究中心学术委员会副主任、国家知识产权战略咨询专家委员会成员。著有“当代中国法学家文库·吴汉东法学研究系列”七卷本，另在《中国

① 《中国知识产权研究的先行者——记中南财经政法大学原校长吴汉东》，《湖北社会科学》2016年第2期；《吴汉东：谦谦君子　学者本色》，人民网2009年7月9日，http：//edu. people. com. cn/GB/145827/146348/158977/158998/9624819. html；《吴汉东：一位布衣学者的学术人生选择》，一点资讯2018年1月4日，http：//www. yidianzixun. com/article/0I3e2qmM。

社会科学》《法学研究》《中国法学》等刊物发表学术论文一百八十余篇。专著和论文曾获首届全国优秀博士论文奖、首届中国出版政府奖（图书类）、司法部优秀科研成果一等奖等；入选 2011 年度国家哲学社会科学成果文库，其著述将以英文、韩文、日文在海外出版。2009 年、2011 年两次被评为“年度十大全国知识产权保护最具影响力人物”，并于 2009 年、2011 年两度被英国《知识产权管理》（MIP）杂志评为“全球知识产权界最具影响力五十人”，被称作“中国知识产权事业的见证者和推动者”“中国知识产权研究的先行者”“中国知识产权法制事业的布道者”。

与书为伴，与法同行。“读书、教书、写书，不卖书，以书为伴；学法、研法、立法，不违法，与法同行”，这是吴汉东教授对自己人生的总结，也是他的选择。

与书为伴，是吴汉东的人生选择。17 岁那年，作为 1967 级初中毕业生，吴汉东与同时代的大学生、高中生一起卷入了“上山下乡”的洪流之中。一年到头，虽有劳作之累和生活之困，但农暇之夜煤油灯下的阅读——读文学、读历史、读政治，就成了他的生活享受。19 岁时，他有幸招工进了湖北边城的邮政部门，在那里工作八年，两本读书笔记和一些文学创作是他在青葱岁月最重要的收获。1977 年恢复高考，生活让他有了新的选择。1978 年 2 月的一天，吴汉东接到了一个让他几乎不敢相信的电话：“你被湖北财经学院（中南财经政法大学前身）录取了！”这个迟到的消息让吴汉东一夜未眠，次日，他便登上了前往武汉的列车。

湖北财经学院法律系七七级，聚集了不同年龄、不同经历的“新三级学人”。经历过国家动荡的十年，青春荒废的十年，他们渴望走进校门重新学习。艰苦的条件，挡不住学子们读书的热情，“为中华崛起而读书！”这是吴汉东和同学们当年真实的心声，是 50 位同学的共同选择。毕业那年，他已过而立之年，既没有进入政界，也没有走向京城，而是选择了在本校教书。留校既有家庭之累的考虑，更有职业取向的选择，由此实现了“农民—工人—职员—教师”的人生转型。

与法同行，是吴汉东的学术选择。中国的法制建设缺课太久，太多的空白需要填补。历史的重担，落到了他们这一代法律人的肩膀上。吴汉东的硕士论文，是中国第一篇研究知识产权的硕士论文；他在 1984 年开设的知识产权法课，是中国高校第一门知识产权法课程；他在 1986 年编写的《知识产权法概论》，是我国第一部知识产权法教材。

自 20 世纪 80 年代初以来，他学术活动从罗马法到民法都有涉猎，但大部分时间专治知识产权。80 年代，中国知识产权教学与研究刚刚起步，他的工作目标是编写专业教材，构建知识产权体系。近些年来，他又多次参与民法典、著作权法、专利法的立法咨询活动，为丰富和发展我国民事法学和知识产权法学作出了卓越的贡献。四十余年来，他致力于知识产权问题研究，专注于两个方面：一是知识产权制度的基础理论研究，其研究方法和内容包括但不限于法学，间或涉及经济学、管理学、社会学、政治学等领域；二是知识产权制度的重要现实问题研究，其研究注重社会需求和问题导向，或立法，或司法，或战略实施，或知识创新，或产业发展等。坚持自由探索与问题导向、坚执学理探究与术用应对、坚守专业研究与学科融通，这是知识产权学人应有的学者品格和学术素养。

2006 年 5 月 26 日，吴汉东走进中南海紫光阁，在中央政治局第 31 次集体学习上为党和国家领导人讲解“我国知识产权保护的法律和制度建设”，并先后在国家行政学院、商务部、国资委、国家广电总局、国家知识产权局、国家工商总局、国家版权局以及 30 余所高校做过近百场知识产权专题报告，被媒体称为“中国知识产权法制事业的布道者”。“党和国家最高领导人带头学习法律，体现了国家领导人对法律的高度尊重，这本身就是法制建设的巨大进步。”吴汉东说。

生活中的吴汉东先生是一位亲切的长者，“书籍”和“法学”就像两个亲密的伙伴陪伴着他。“书伴人生”“与法同行”，先生之选择，道阻且长，行则必至。

（三）赵德馨[1]

赵德馨，1932年生，湖南湘潭人，经济史学家，荆楚社科名家，湖北省文化名家。历任中南财经大学教授、经济史研究所所长、学位委员会副主任。

赵德馨教授是中华人民共和国经济史学科的开拓者和奠基人，1951年1月中原大学合作经济系毕业，留校任教。1953年9月入中国人民大学，师从历史学家尚钺教授和经济史学家傅筑夫教授，攻读经济史专业研究生。1956年8月毕业，先后在中南财经学院、中共湖北省委理论工作领导小组办公室、华中农学院、中南财经大学等单位工作，历任中南财经大学教授、经济史研究所所长、学位委员会副主任，湖北省文史馆馆员，中国经济史学会名誉会长、常务理事，湖北省中国经济史学会会长，湖北省地方志编纂委员会学术顾问、《湖北省志》副总纂等职。他是新中国培养的第一代经济史专家，研究成果受到国内外经济史同行重视，有两本书被译成英文、日文，在美国、加拿大、日本问世。他创立了经济史学概论体系，带领国内多个同行学者做了多项为中国经济史学科打基础的工作，成为经济史学科的领军人物。

从事中国经济史研究近六十年，著述颇丰。1998年退休后，依然笔耕不辍，活跃在经济史学研究的第一线，积极为党和国家的工作建言献策。近年来，他先后获得湖北省老教授协会颁发的“老教授事业贡献奖”“老有所为贡献奖”，也被学校党委授予“模范老人”和“优秀共产党员”称号，获评湖北省“老有所为”先进个人。

---

① 《经济史坛的领军者——记经济史学家赵德馨》，文澜新闻网转《湖北日报》2014年4月8日，http：//wellan. zuel. edu. cn/2014/0408/c1672a44682/page. htm；《赵德馨教授：莫道桑榆晚　为霞尚满天》，《中南财经政法大学报》2015年6月1日。

赵德馨26岁即主持编撰了中央政府教育部门向全国高校推荐的第一部中国经济史教材《中国近代国民经济史讲义》。后来，他又主编出版了第一部多卷本《中华人民共和国经济史》，被誉为“规模最大、学术分量最重”，“更符合太史公‘通古今之变’精神”的《中国经济通史》和被学界誉为文献典范的《张之洞全集》。他还撰写了《楚国的货币》《黄奕住传》等多部专著，后者被加拿大和美国学者译为英文。因深厚的学术造诣和突出贡献，1986年中国现代经济史学会成立时，他被选为副会长。2004年以来，他一直被同行推举为中国经济史学会名誉会长。

20世纪50年代，在中国人民大学读研究生时，导师尚钺教授关于日本人宣称“中国史研究中心在日本”的一席话，深深触动了赵德馨，他立志要让中国成为中国经济史的研究中心。导师傅筑夫教授生前想写一部中国经济通史而未能如愿。他默记在心，一生以求“通”为己任。为民族争气、为先师圆梦的使命感，正是支撑他60年矢志不渝从事中国经济史研究的精神基石。即便在晦迹韬光的年代，他也从未懈怠。难以想象，他的成果多是在50岁之后面世的。

在退休后的20余年里，他完成国家课题4个，省级项目3个，自定项目3个。其中，主编4项，共计1516万字；合著1项，30万字；独撰4项，共计236万字；独编资料1项，140万字。2011年至2013年，八十岁的赵老仍孜孜不倦、推出不少精品力作：编辑整理了140万字的国家清史工程项目《太平天国财政经济资料汇编》；修改了国家普通高校课程教学内容改革项目、国家“九五”普通高等教育国家级重点教材、面向21世纪课程教材《中国近现代经济史》，重写了其中的32万字；发表了论文10篇。

赵德馨对待学术极为严谨，精益求精。他的成果往往是积十数年乃至数十年之功完成的。《黄奕住传》用时12年。《张之洞全集》历时22年。《楚国的货币》耗时40年。《中国经济通史》，则准备了半个世纪。他正在编纂的《太平天国财政经济资料汇编》，搜集资料是从1961年开始的。即便撰写“九五”国家级重点教材《中国近现代经济史》，也花了10年时间。而此前，他已主编了两部教育部向全国推荐的中国经济史教材。这些精品佳作，为他赢得了两项国家级、五项省部级一等奖。

他退休后，在学术研究方面，不用扬鞭自奋蹄。他认为，作为一个以学术为志业的学者，没有什么退休不退休的问题，只有到了不能思考问题之时，才是封笔之日。他做研究工作，出于学者的担当和兴趣，以此为乐，乐在其中，乐此不疲。

在校报 2003 年 10 月刊载的《一字歌·退休生活》中，他写道：

一纸风筝飘云天，一根钓竿鱼儿牵。
一个鼠标游世界，一支秃笔字一千。
一觉睡到五更天，一柄龙泉舞蹁跹。
一把喷壶润花草，一杯美酒醉诗篇。

三、逸事集萃

（一）校名为什么那么长

当你被你的朋友问及“你们学校的名字为什么这么长”时，或许你心中也有同样的疑问。当你走进学校校史馆时，你可以看到邓小平题写校名的场景。让我们一起追溯校名诞生的那些故事。

一个不约而同都钟情的校名——中南大学。我校初建校时校址在中原大地上，因此学校第一个校名为“中原大学”，简称“中大”；1950 年初，学校已搬迁至武汉，因地处华中区，所以学校最初拟将“中原大学”更名为“华中人民革命大学”，未准。在此情况下，学校根据我校是属于中南地区的高校，于是研究决定：拟将“中原大学”第二次更名为“中南大学”，并再次呈请中南军政委员会上报中央人民政府教育部。

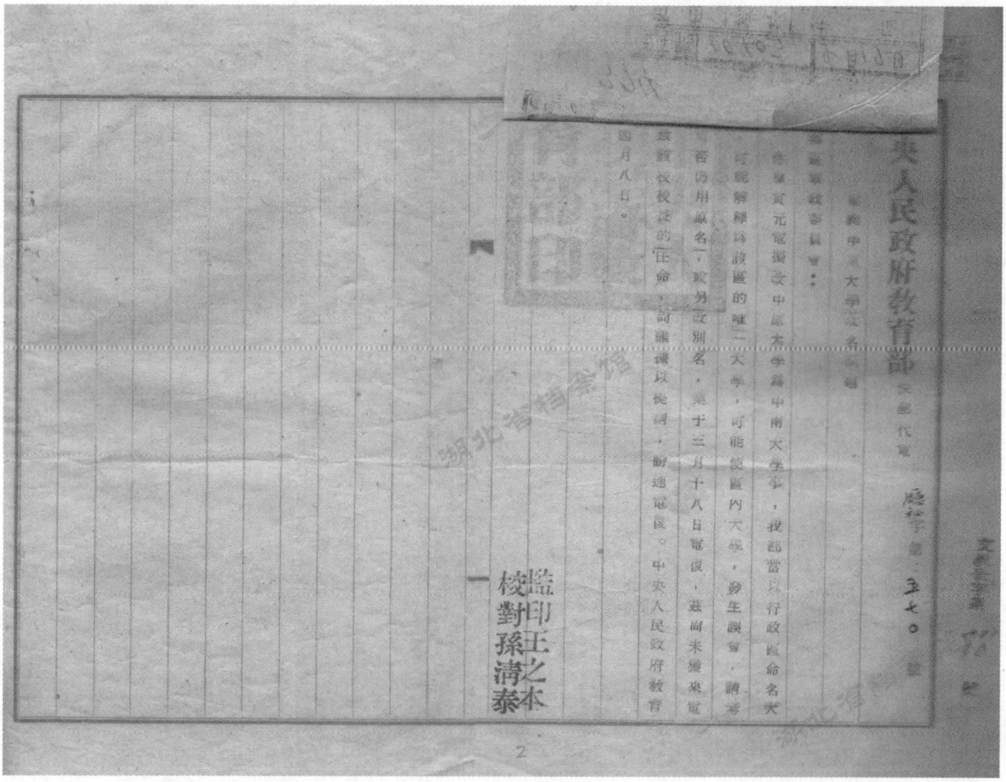

中央人民政府教育部“关于中原大学更名为中南大学问题”的回复

中央人民政府教育部接到上报后，则以厅秘字第“五七〇”号快邮代电文回复件建议：

“中南军政委员会：你会寅元电拟改中原大学为中南大学事，我部当以行政区命名大学，可能解释为该区的唯一一大学，可能使区内大学，发生误会，请考虑可否仍用原名或另改别名，业于三月十八日电复，兹尚未获来电，以致该校校长的任命，尚难据以提请。盼速电复。中央人民政府教育部，四月八日。”

第二次拟更校名就这样又一次被搁浅。

二十世纪九十年代末本世纪初，全国掀起了高校合并热潮，原中南财经大学与原中南政法学院原本是一家的两兄弟院校，经过分分合合又再一次合体前行。当时在办理合校手续并申报新校名备案过程中，因“中南大学”情结再次提出申报“中南大学”。

据合校后的第一任党委书记徐敦楷教授回忆：“2000 年 1 月，时任教育部党组书记的陈至立同志来汉，单独接见了每一所合并高校的党政主要负责人，告知了最终的合并方案，其中包括我们的两校合并。不久，那次高校大合并方案的具体操刀者、时任教育部发展规划司司长来汉，与我们商议新校的校名。当时，中南财经大学的吴俊培校长和我应约一同去拜访，谈及此事，我们当即提出‘中南大学’。现在看来，这应该是我校第二次提出‘中南大学’的动议。可是，该司长立马否定，称刚从湖南过来，‘中南大学’已经名花有主了。”当然，“中南大学”的再一次提出，并非信口开河，而是经过了反复斟酌，深思熟虑。比如：取两校之共同点问题，校名的内涵与外延问题，校名的长短问题……非常可惜，“中南大学”再一次与我校失之交臂。

一个真正开启人民大学情缘的校名——中南人民大学。1950 年 4 月，中南军政委员会收到中央人民政府教育部的回复件后，根据当时的形势背景与学校一起对回复进行了认真、细致、慎重的讨论商议，决定拟更换一个名副其实的代表南方人民大学的校名，因而还是再一次提出来新的更名方案。1950 年 4 月 19 日，中南军政委员会根据讨论结果，拟电并回复了中央人民政府教育部。

> “四月十五日转来中央教育部关于询问中原大学改名问题之快邮代电已悉，我部以为可以这样电复中央：‘中原大学改名中南大学，我们考虑尚不致引起区内大学误会，兹为明确计，拟更名为中南人民大学或仍名中原大学（原快邮代电附回），请予核定，是否可以特此专复。中南军政委员会办公厅，四·十九”。

是年 4 月 29 日，中央人民政府教育部回复了中南军政委员会。

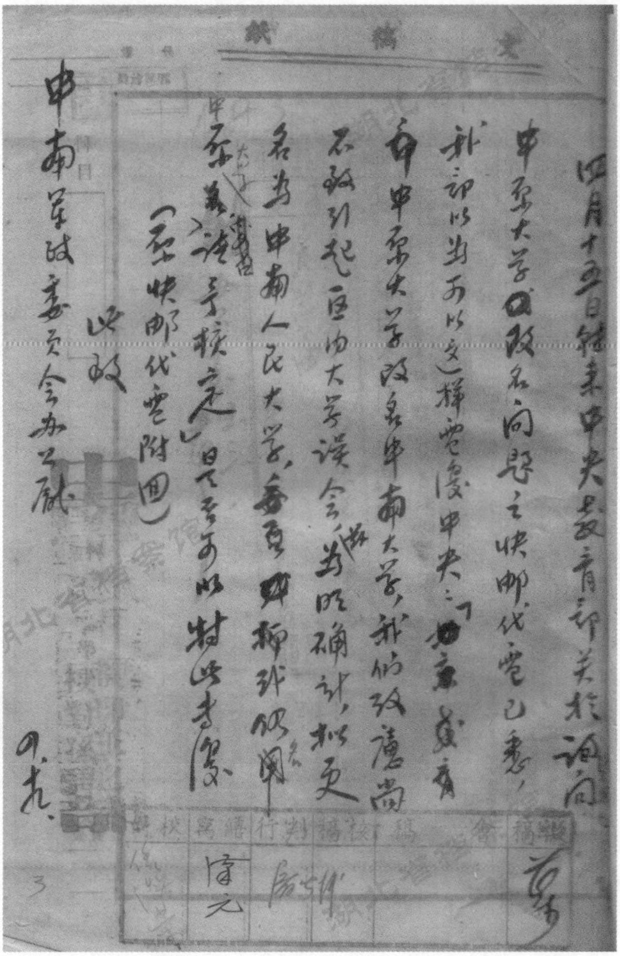

中南军政委员会给中央人民政府教育部的回复

文意是：“中南军政委员会：卯敬电悉，我部同意中原大学更名为中南人民大学。中央教育部卯寝”。①

然而，随着全国院系大调整的展开，此校名最终没能得到公开启用。至此，中原大学更换校名之事也告一段落。

---

① 注：此件仍为“厅秘字”。中南军政委员会于 4 月 29 日收，并以特文发字第 432 号于 5 月初转发中南军政委员会教育部。

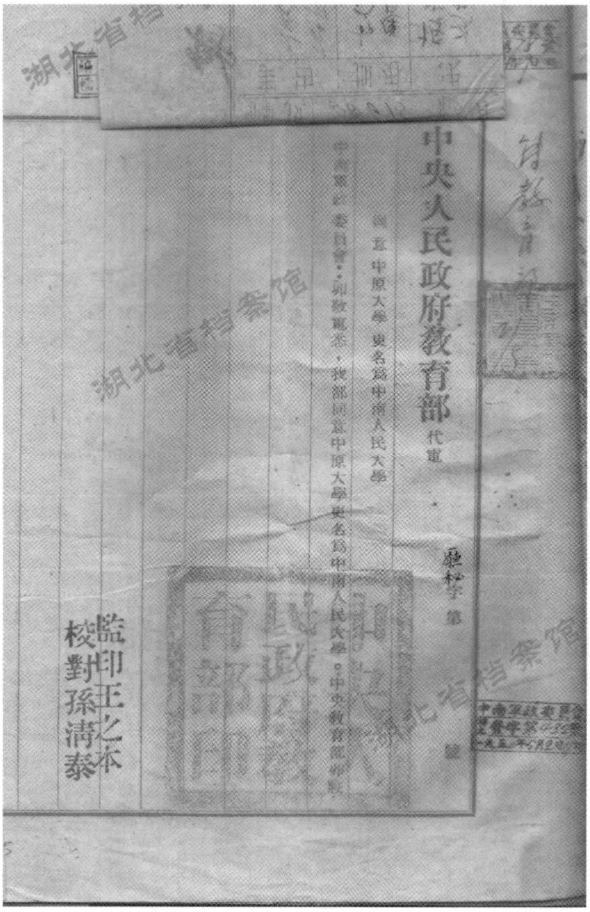

中央人民政府教育部代電

歷秘字第　號

同意中原大學更名爲中南人民大學

中南軍政委員會：卯敬電悉，我部同意中原大學更名爲中南人民大學。中央教育部卯敬

監印王之本
校對孫清泰

中央人民政府教育部同意中原大学更名为中南人民大学的文件

“中南大”情结得以圆梦——中南财经政法大学。中原大学为了转轨办一所与北方“中国人民大学”相对应的南方人民大学，前后分别拟用了“华中人民革命大学”“中南大学”“中南人民大学”三个新校名分三次申报更换原校名，虽最终均未获如愿，但这代表了一段真实的历史。

那么“中南财经政法大学”校名是怎么来的？据徐敦楷教授回忆：“为了新校的校名，老财大专门开会请了一批干部、教师商议。大家七嘴八舌提了一些名字，很难统一。接着，教育部通知我们，由中南财经大学和中南政法学院的四位党政主要负责人决定新校名称，不扩大讨论范围，并指定我作为最终结果的汇报人。讨论中，双方坚持财经、政法不能丢，因此决定称‘中南财经政法大学’。”就这样，中南财经政法大学的校名确定。

2015 年 7 月，学校在制定的并已上报教育部批准备案的“中南财经政法大学章程”总则第二条中明确指出：“学校的名称为中南财经政法大学，简称中南大……英文名称为 Zhongnan University of Economics and Law，英文缩略名为 ZUEL”。同时还规定了法定校址地域及国际互联网址等。

（二）“水”运“文”脉

当你走在校园里时，你也许会被美丽的校园风景所吸引，也许会驻足每一栋楼前拍照留影，但相信你一定会对每一栋楼的名字印象深刻。“文”和“水”是学校发展过程的力量源泉，也是学校楼宇命名的重要特色。学校的楼名，除了现在的南湖校区行政楼和首义校区行政楼分别被命名为“中原楼”“中南楼”以外，一律以“文”开头，且都带“水”。

中南财经政法大学的前身是 1948 年成立于河南宝丰的中原大学，所以南湖校区行政楼落成后就命名为“中原楼”，以作永久的纪念。学校历史上以“中南”命名时间最长，现名中也以“中南”开头，因此，首义校区行政楼命名为“中南楼”。教学楼名姓“文”，名字都带水，以文为宗，以水为派。以文为宗，具体说来有几层含义：表明学校文化教育单位性质；表明我校是一所人文社科类大学；希望学生有文气，做文人，具有人文精神。以水为派，主要原因是考虑到学校是培育人才的园地，教师是培育人才的园丁，万物成长都离不开水。另外也因学校临水而居，“仁者乐山，智者乐水”，首义校区北靠蛇山，远眺浩瀚的长江，南湖校区则靠铁箕山、绣球山等小山，内含小南湖，外绕大南湖，真正是依山傍水、见仁见智。

校园里每一个教学楼名字的背后，都有一个有意义的小故事，或者都蕴含着一份美好的寓意，它们彰显了学校的办学理念，也承载了对中南大人的希望和祝福。

文治楼：是法学院和刑事司法学院的办公楼，取“依法治国”之意。

文澜楼：为了纪念第一任校长范文澜先生。文波、文澜两座楼在学校东大门相对而立，之间就是波澜广场。希望同学们来到学校有一个“波澜不惊”的学习环境，好安心读书；毕业生走出校门，事业前景有如“波澜壮阔”。

文波楼：是新闻与文化传播学院、外国语学院、统计与数学学院等所在地。他们的共同特点是以声波、光波、电波来传授知识，传播文化。

文泰楼：里面有三个模拟法庭，希望法学类的学生将来执法如泰山。而文泰楼中立有孔子的塑像，希望全校师生永远尊敬孔子这位教育界泰斗。

文泉楼：聚集着我校六个经济管理类学院，分别为会计学院、金融学院、工商管理学院、财政税务学院、经济学院、公共管理学院。泉，古钱币的代称，古钱币收藏者到现在都以“泉友”相称。经济管理人才都希望我们的国家“货如泉涌”，文泉又可以意味着“文思泉涌”。

文添楼：“添”即“加”，希望同学们在这里增加才干，获取知识。

文沛楼：沛是充沛、丰富的意思，文史哲的师生应该文化充沛，具有较宽的知识面。是马克思主义学院和哲学院所在地。

文济楼：济本意是渡过的意思，如同舟共济，直挂云帆济沧海等。引申为对困苦的人加以帮助，如济世。是中韩新媒体学院所在地。

文清楼：主要用于司法鉴定中心，其任务就是要厘清案件真相，保持社会清净，还无辜者清白。

文泓楼：由南北两座楼环绕而成，中有一池，希望学生的心灵有如一泓清泉。

文潭楼：潭有“深”的意思，又通“谭”，有谈话的意思。取名文潭，希望专家学者和广大师生在这里畅所欲言，探讨高深的学术问题。

文溯楼：以前是老图书馆，现在是校史馆、档案馆，取“溯源”之意，以期师生永远铭记校史，慎终追远，饮水思源。

文津楼：津是渡口的意思，教学楼就是知识与智慧的渡口，教师的职责就是摆渡者，把学生从智慧的此岸摆渡到彼岸。

文泽楼：泽是润泽的意思，老师要用自己的知识与文化滋养学生，大学要用文化与精神泽被社会。

文汇楼：这里有设施齐备的学术报告厅，是学者汇聚，思想汇集的地方。

（三）“百团大战”

当你作为一名新生时，你可能会憧憬学校丰富的校园文化活动，你也许会听说过“百团大战”的故事，“百团大战”即学生社团纳新活动，作为我校学生社团系统的年度重要活动，旨在弘扬我校学子时代风采、传播我校校园文化特色。以“百团大战”为代表的第二课堂活动、校园文化活动让中南学子感受到学校的活力。

“青春在社团中激扬，梦想在中南大绽放”，我校的社团文化丰富多彩，有科技有人文、关心经济也关心自然，包括学术理论类、人文艺术类、实践创业类、体育竞技类等多种类型，每一个有着共同爱好的小团体都在寻找着志同道合者。面对眼花缭乱的社团，你选择的关键不过“兴趣”二字，在社团中结交到志趣相投的知心好友绝对是一笔宝贵财富，浸染在辩论文化、体育文化、舞蹈文化、学术文化等各类文化之中也会是一个难忘的经历。

思辨文化绽放辩坛

2007 年，中南财经政法大学夺得国际大学群英辩论会冠军，徐小奔、何卿源和曹吉安三位辩手以短平快的风格，滔滔雄辩，最终以 4：1 战胜对手夺冠，成为武汉第一所在国际大学辩论会中夺冠的高校。

过去，在强手如云的国际辩坛上，中南财经政法大学一向名不见经传，此次夺冠甚至被一些人讥诮为“暴发户”。然而，该校辩论队主教练胡真圣老师很泰然：参加辩论的不过 3 名选手，但背后起支持作用的是整个学校的学术文化。赛前，哲学伦理学、社会学、知识产权法学、民法学、财产法学、婚姻法学、社会保障学、金融学、文学、行政管理学、文物考古学、人口学、礼仪学等学科，数十位专家群策群力，为辩手们积淀了丰厚的思想力。辩论队的问鼎，难道不是必然的吗？其实，倡导辩论文化的氛围，早已在中南财经政法大学形成，学校演讲与辩论协会至今成立逾30年。

中南财经政法大学，为何要擦亮“辩论文化”的名片？“这对于学校的人才培养、学科建设、校园文化都有诸多启示。”时任校长吴汉东教授说，在辩论赛中，学子们不仅展现了辩才、文采、理义、风度等外在风貌，还体现出内在的文化品位、思想深度、学识积累，以及团结奋进的精神。而学校也可从中得到启发，如何彰显“应用型、融通性、开放式”人才培养的独特优势。

学校历来注重学生辩论能力的培养和思辩文化的养成，“新生杯”“文澜杯”“希贤杯”“砺剑杯”“菁英杯”“工程杯”“融耀杯”“思辩杯”等辩论赛

2007年11月29日，我校在国际大学群英辩论会总决赛上夺冠，国务委员陈至立为我校颁奖

为学子打造了多样化的辩论舞台，“唇枪舌剑”不仅仅是法学生的专长与爱好，各专业学子也都积极参与各种辩论赛。在一场场辩论赛中，他们领悟到更多辩论之外的东西，比如热诚执着、团队合作、相互包容、甘于奉献等，这才是自己最大的收获，是一份终身受益的精神财富。

在中南大，团学联志、社团文化包罗万象，各种特色活动、各种赛事极尽精彩，在70年的发展中凝聚出独特的中南大文化。“团学联志”即校团委组织部、宣传部、社团管理部、校学生会、志愿者协会等组织的统称，他们肩负起了校园文化、科技创新、社会实践和学生社团管理的工作。各学院设立分团委、院学生会及院志协，负责学院各级共青团工作。团学联志通过开展文艺、学术、体育、宣传、对外联络等方面的工作，让校园生活变得多姿多彩，也给中南大增添了一份活力和精彩。校园传媒关注学校校园资讯，广播台、校报学通社、文澜网络等各级校园媒体打造了自由的校园文化。“声之韵”“校园舞蹈大赛”“校园民歌大赛”“财女郎”“影像中南”等校园特色文化活动异彩纷呈，带给学生青春体验和校园记忆。“研究生学术文化节”“‘研艺中南’风采大赛”“‘文澜杯’辩论赛”“文澜论坛”“研职有道”等活动让研究生在学术与青春的碰撞中打造独特的研究生学术文化。

研究生学术文化节

在研究生培养过程中，学校注重打造浓厚的学术文化氛围，“研究生学术文化节”则给学生提供了一个学术碰撞的舞台。“研究生学术文化节”由研究生院、党委研究生工作部于2010年创办，至今已连续举办10届，每年10月开幕，5月闭幕。一年一度的“研究生学术文化节”囊括了“文澜大讲堂”“文澜杯”学术辩论赛、特色专业活动等数十个特色鲜明、内涵丰富的学术子品牌活动，旨在整合多学科教育资源，实现研究生培养集成创新。近年来，学生的参与面和活动的影响力不断扩大，已然成为我校一场盛大的学术庆典。学术文化节期间，研究生院、党委研究生工作部倡导各培养单位充分结合自身办学理念、学科特色和优势，开展独树一格、别具匠心的学术品牌活动。如哲学院“南湖公共问题论坛”，经济学院“文澜经济沙龙”，财政税务学院“全国财政学博士论坛”，金融学院“金融之星”学术论坛，法学院“全国民商法博士论坛”，外国语学院“文澜国际论坛口译大赛”，工商管理学院“南湖农经论坛”，会计学院“学术午餐会”等研究生特色学术品牌活动，与广大研究生的专业背景紧密切合，受到研究生的广泛关注与认可，在促进研究生学术交流，提升研究生学术素养方面发挥重要作用。

后　　记

简明校史编写工作启动时间为 2019 年迎新工作告一段落后的 9 月中下旬。其立意是为新入校的本科生、研究生编写一本普及性校史读本。到 9 月下旬，形成基本方案，之后逐步完善。11 月初组建编写队伍，12 月底形成较为细致的编写大纲。2020 年 4 月形成第一稿，后六易其稿，形成今天跟读者见面的样子。

本次简明校史编写定位面向青年学生，因此，在体例和语言风格上充分考虑了青年学生的特点，对青年学生比较关注的历史事件、名师大家和风物逸事重点进行了梳理介绍。为方便阅读，人物事件总体按历史时期顺序排列，但也不局限所编列时期，做到了跨时期的打通。虽是简史，但历史描述和判断，都讲究有依据，论从史出，注明出处。这一方面保证严谨性，也方便读者查证核实，另一方面，也是为读者扩大阅读面提供了线索。

本次简明校史编写主要是以学校各版本的校史为依据，但也做了一些开创性工作。如一些历史人物，由于年代久远和其他一些因素，并没有现成的基本资料，必须在浩如烟海的史料中耐心地查找线索，挖掘史实。有的甚至找不到一张照片，只能从效果清楚一点的合影里请老同志帮忙辨认。

本书由覃红担任主编，提出本书编写的宗旨、指导思想、基本框架，多次主持召开讨论会、审稿会，全面统筹本书的编写工作。肖翠祥、葛明担任副主编，落实主编的编写思想，具体进行编写的组织工作。各章编写人员分别是杭慧喆（第一章）、王芹（第二章）、白玉（第三章）、杨兴永（第四章）、褚晶晶（第五章）、何强（第六章）。肖翠祥负责校史总览撰稿，并承担全书的统稿工作。赵晓、黄丽琼参与了相关编务工作。

党委书记栾永玉、校长杨灿明高度重视本书的编写，对本书的编写方案予以了审定，亲自审阅书稿，提出修改意见，并为本书作序。

本书要特别感谢档案馆、校史馆的倾力支持，王贞为馆长、王礼翔副馆长还亲自参加编写讨论会，为本书查阅史料提供了周到的服务，作出了无私的奉献。感谢徐志持、冉明东同志提供了部分照片、资料。感谢中原大学时期入校的老同志金宝琴老人，以及周苏展、陈志浩、刘翼等同志帮助联系部分老教授后人，核实历史人物照片。

由于编撰者水平有限，加之时间紧迫、资料不全，不足之处在所难免，敬请全校师生员工、校友和广大读者批评指正。

中南财经政法大学简明校史编写组

2020年10月

新出图证(鄂)字 10 号

图书在版编目(CIP)数据

中南财经政法大学简明校史/覃红主编. —武汉：华中师范大学出版社，2020.10

ISBN 978-7-5622-9146-6

Ⅰ. ①中… Ⅱ. ①覃… Ⅲ. ①中南财经政法大学—校史 Ⅳ. ①G649.286.31

中国版本图书馆 CIP 数据核字(2020)第 190018 号

中南财经政法大学简明校史

©覃 红 主编

责任编辑：巴 铭 张 华 **责任校对**：肖绪旭 **封面设计**：浩艺设计

编辑室：第一分社 **电话**：027-67867317

出版发行：华中师范大学出版社有限责任公司

社址：湖北省武汉市洪山区珞喻路 152 号 **邮编**：430079

销售电话：027-67863426

网址：http://press.ccnu.edu.cn **电子邮箱**：press@mail.ccnu.edu.cn

印刷：湖北新华印务有限公司 **督印**：刘 敏

字数：200 千字

开本：787mm×1092mm 1/16 **印张**：12.75

版次：2020 年 10 月第 1 版 **印次**：2020 年 10 月第 1 次印刷

定价：32.00 元

欢迎上网查询、购书